土地の
有効活用と
相続・承継対策

税理士法人　エーティーオー財産相談室
税理士 **高木 康裕** 著

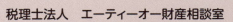

税務研究会出版局

はじめに

最近の状況と相続税

　相続税の税制改正が行われたことにより、2015年1月1日以後に発生した相続からは税負担が増加することになりました。最も大きな影響としては、相続税の基礎控除額の引下げが行われたことでしょう。従来は「5,000万円＋1,000万円×法定相続人数」であったものが、「3,000万円＋600万円×法定相続人数」へと従来の基礎控除額の6割相当へと縮小されたのです。また、適用される最高税率も50％から55％へと引き上げられました。特に基礎控除額の引下げの影響に伴って、相続税の申告件数が大きく増加するという影響がありました。

　相続が発生した方のうち相続税の申告書を提出した方の割合を示す課税割合は、基礎控除額引下げ前からすると約2倍になっています。これからは、地価の比較的高い首都圏などでは自宅と多少の金融資産を保有しているだけでも相続税の申告が必要になってきているのです。すなわち、多くの方が相続税を意識しなくてはならない時代へ突入したといえます。また、ここ最近は地価も上昇基調が続いていることから、数年前に比べると所有する土地の路線価が上がったことを実感されている方も多いことでしょう。大都市圏の土地所有者の方にとっては、地価の上昇による相続財産の増加によって、厳しい税環境となってきていることを肌に感じていることと思います。

　このような背景もあり、相続を見据えて対策を講じることがとても大切となってきています。ところが、最近の税制改正により、相続税対策として有効な方策というものは少なくなってきている状況です。このような中、不動産を上手に活用することは、結果的に相続税対策にもつながることになるため、ますます重要な検討課題のひとつになりました。

土地の有効活用を考える

　最近は、相続税対策として短絡的にタワーマンションの購入を勧めている不動産業者や専門家の方なども多いような気がします。しかしながら相続税対策というものは、その場しのぎに拙速に行うものではなく、本来は総合的な計画のもとに実行することが必要です。特に土地所有者の方であれば、土地の有効活用を考えることは避けては通れないことでしょう。

　つまり、土地の有効活用は財産構成や相続全体のことを踏まえて、それに関して生じる税務全般と、その後の承継のことなども検討していく必要があるのです。そのため、事業計画では相続税に対する影響ばかりを考えるのではなく、収益性やその後の運営・管理の方法なども含めて判断することになります。

　このように、多角的に考えることが大切となりますが、税務や相続に関する専門的な書籍はいくつもある中で、土地の有効活用を行うことに関して、その全体像の把握、様々な税金との関係、承継のことを俯瞰的に述べた書籍は意外に少ないのではと思われるところです。

　そこで、本書では不動産に関する税務上の取扱いを詳細に説明するのではなく、土地の有効活用を中心に知っておきたいポイントを理解していただくことを目的として執筆しました。記述にあたっては図表等を用いながら、税務の説明についてもできるだけ理解できるような分かりやすい文章にまとめたつもりです。したがって、各項目の詳細（難解）な取扱いはあえて割愛をしました。

　土地の有効活用に係る税務と相続・承継をお考えの方にとって、その意思決定の際の参考として、少しでも読者の方のお役立てになることができれば幸いです。

　2019年1月

税理士法人　エーティーオー財産相談室

高木　康裕

目　次

序　章

土地所有者から見た相続の現状 001

1 相続財産の約4割は土地 002
① 相続財産のうち最も多くを占める財産は土地　（002）
② 土地価格の指標を知ろう　（003）
③ 最近の地価公示価格と路線価の状況　（004）
④ 住宅着工統計を参考にする　（005）

2 土地の有効活用が必要な理由 007
① 最近の金利情勢　（007）
② 固定金利と変動金利　（008）
③ 賃貸住宅の動向　（009）
④ 相続税の負担軽減策は難しくなってきている　（009）

コラム　固定金利型と違約金　（010）

3 相続対策を考える 011
① 分割・納税・税負担の軽減の順番で考える　（011）
② 共有は絶対避けるべき　（012）
③ 遺言の活用　（014）
④ 自筆証書遺言の方式緩和　（015）
⑤ 自筆証書遺言の法務局での保管制度　（015）

コラム　遺言は公正証書遺言がベスト　（017）

第1章

相続税増税と最近の税制改正の内容 019

4 2015年から相続税が増税 020
① 相続税改正により課税割合が増加　（020）
② 今後は贈与を活用　（022）
③ 贈与税の特例　（022）

iii

5　空家の敷地は固定資産税が増加する可能性がある ········ 025

① 特定空家に該当すると土地の固定資産税等が増加　（025）

② 未利用地を活用することで税務の特例も利用できる　（026）

③ 相続時空家であれば特例控除制度の利用を検討　（027）

コラム　空家期間が長いと売却時の税金も高くなる　（028）

第2章

土地を有効活用した時の様々な 税務メリットを知る ································· 029

6　賃貸建物を建てると相続税対策になる ························· 030

① 相続税対策になる理由　（030）

② 賃貸建物の評価　（031）

③ 賃貸建物の敷地の評価　（031）

④ 賃貸建物建築の効果は借入金の有無とは関係ない　（032）

コラム　自宅をリフォームすると評価額は増加するか　（033）

7　土地はその利用、分け方次第で評価額が下がる ············· 034

① 税務上の土地評価の単位　（034）

② 土地を分けて相続すると評価額が下がる可能性がある　（035）

③ 不合理な分け方は認められない　（036）

コラム　遺産分割後に土地を交換すると余計な税金がかかる　（037）

8　地積規模の大きな宅地の評価 ································ 038

① 旧広大地の取扱いが改正　（038）

② 2018年からは地積規模の大きな宅地の評価　（039）

③ 評価単位を大きくすると地積規模の大きな宅地に該当　（041）

9　自宅の敷地は評価減の特例がある （特定居住用宅地等） ································ 044

① 特定居住用宅地等は330㎡まで評価額が80％引き　（044）

② 2世帯住宅の場合　（046）

③ 老人ホームに入居した場合　（047）

iv

④ 親と別居の場合の特例（いわゆる家なき子の特例）（047）

コラム　被相続人と生計を一にする親族の居住用宅地等の特例　（049）

10 賃貸住宅の敷地は評価減の特例がある（貸付事業用宅地等）································· 050

① 貸付事業用宅地等は200㎡まで評価額が50%引き　（050）

② 相続開始前3年以内に貸付事業の用に供された宅地等の適用除外　（050）

③ 地価が高いところにあるほど効果が高い　（051）

④ 賃貸併用住宅の場合の考え方　（052）

⑤ 不動産小口化運用商品への投資も適用対象　（053）

⑥ 特定事業用宅地等に係る小規模宅地特例の改正と個人事業者の事業承継税制の創設　（054）

11 住宅用地に対する固定資産税等の軽減措置 ·················· 055

① 住宅用地は固定資産税等が軽減される　（055）

② 固定資産税の判定は1月1日現在の状況による　（056）

③ 住宅用地と駐車場などの固定資産税等の負担差異　（057）

12 新築住宅に対する固定資産税等の軽減措置 ·················· 059

① 新築住宅は固定資産税が軽減される　（059）

② ワンルームマンションは減額対象外になる可能性が高い　（060）

③ 新築住宅は不動産取得税も軽減される　（061）

④ タワーマンションは特別な固定資産税等の計算がある　（062）

13 建物を建築すると消費税が還付される可能性がある ····· 064

① 消費税の課税の仕組み　（064）

② 簡易課税は還付ができない　（065）

③ 不動産賃貸業における消費税の概要　（066）

④ 設備投資と消費税還付の仕組み　（068）

⑤ 消費税に関する届出書の活用　（069）

⑥ 消費税の還付は建築計画立案の時点から考える　（070）

コラム　今後消費税は10%へ、還付金も増加　（071）

14 資産の色分けと組換え ································· 072

① 所有する土地の色分け　（072）

v

② 土地の色分けは状況によっては変化する （073）

③ 資産の組換えには税務上の特例を活用する （074）

第3章

生前贈与を活用する 075

15 暦年課税贈与と相続時精算課税贈与の違い 076

① 暦年課税贈与とその利用方法 （076）

② 相続時精算課税贈与とその利用方法 （077）

③ 遺留分放棄に相続時精算課税贈与を活用する （079）

16 収益不動産の贈与 080

① 不動産収入は建物から生じる （080）

② 収益建物の贈与は所得税対策にもなる （081）

③ 賃貸している建物を贈与する時の注意点 （082）

④ 区画整理予定地などの土地の贈与 （083）

17 収益建物を贈与する時のポイント 084

① 土地の評価と貸家建付地 （084）

② 賃借人が変わると自用地評価になる （085）

③ 一括借上方式の活用 （085）

④ 新築建物の貸家評価と一括借上方式の活用 （086）

第4章

具体的な土地活用（ケーススタディ） 089

18 駐車場用地などに賃貸住宅を建築した場合 090

① 相続税が減少する （091）

② 建築主の趣向を反映して建築できる （092）

③ 収益力をアップ、固定資産税が減少、

　 相続税の納税資金を蓄える （093）

19 遊休土地を駐車場にする ……………………………………………………… 094

① 小規模宅地等の評価減の対象になる （095）

② 賃借権の評価減が適用できる場合がある （096）

③ 税務の特例が利用可能になる （097）

20 サービス付き高齢者向け住宅の建築 ……………………………… 098

① サービス付き高齢者向け住宅とは （098）

② 登録基準と内容 （099）

③ 補助金や税制優遇等の支援制度 （100）

④ 特徴のある有効活用として （101）

21 建設協力金方式によるロードサイド店舗の建築 ………… 102

① 建設協力金方式の概要 （102）

② メリット、デメリット （103）

③ 土地賃貸でないため借地権の問題が生じない （104）

④ 相続税への影響 （104）

22 老朽化した自宅の売却と資産の組換え ……………………… 105

① 自宅売却に係る税金 （105）

② 相続税への影響 （107）

③ 相続対策・遺産分割対策としてのタワーマンション購入 （110）

23 事業用資産の買換えを用いた
実質資金負担なしの土地活用 ……………………………………… 111

① 事業用資産の買換え特例 （111）

② 借入金なしで建築できる （113）

③ 建物の減価償却費は減少する （116）

④ 相続税への影響 （116）

24 等価交換による資金拠出なしの土地活用 …………………… 117

① 等価交換事業とは （117）

② 土地譲渡に係る税金の取扱い （118）

③ 建物の減価償却費は減少する （118）

④ 相続対策として （119）

⑤ 建築中のリスクを踏まえ、実行するなら早めに行う （119）

vii

25 定期借地権の活用 ……………………………………… 121

① 定期借地権の種類と内容 （121）
② 一般定期借地権 （122）
③ 事業用定期借地権 （122）
④ 税務上の取扱いと地代の前払方式 （123）

26 農地の転用と有効活用 …………………………………… 125

① 農地の転用 （125）
② 生産緑地制度 （126）
③ 特定生産緑地が新たに定められた （127）
④ 農地の納税猶予制度の概要 （128）
⑤ 有効活用を考える （131）

27 賃貸建物は資産運用の内容を踏まえて建築する ………… 132

① 土地の有効活用の意味 （132）
② 土地所有者であることのメリット （133）
③ 賃貸マーケットを考慮した資産運用を行う （133）
④ 相続対策だけを目的とせず、信頼できる会社と事業を行う （134）

第5章

遺言による承継と信託の活用 ……………… 135

28 遺言による承継 ………………………………………… 136

① 遺言でできること （136）
② 遺言者の想いを記載することが大事 （137）
③ 遺言があっても遺産分割協議をすることが可能 （138）
④ 遺言は見直し（書き換え）ができる （138）

29 信託を用いて遺言ではできないことを行う ……………… 140

① 認知症対策と財産管理 （140）
② 財産承継と受益者連続型信託 （142）
③ 障害者である相続人がいる場合の活用 （144）
④ 信託設定時における受託者を考える （144）

⑤ 信託契約はオーダーメイド （146）

第6章

法人を活用した土地活用 ······· 147

30 賃貸建物を法人で建築した場合 ······· 148
① 建築主別の相続税対策効果の違い （148）
② 土地の賃貸方法 （149）
③ 土地の無償返還制度を活用する （150）
④ 相当の地代方式を利用した場合 （151）

31 法人を活用すると所得税対策に
大きなメリットがある ······· 152
① 法人を活用するメリット （152）
② 法人の具体的な利用方法 （153）
③ 個人 or 法人のいずれで建築すべきかの判断目安 （155）

32 一般社団法人・一般財団法人を
利用する場合の注意点 ······· 157
① 一般社団法人・一般財団法人の概要 （157）
② 一般社団法人・一般財団法人を利用するメリット （158）
③ 2018年度の税制改正への対応 （159）

33 法人で建築した場合のまとめ ······· 160
① メリット・デメリット （160）
② どちらを選択すべきか （162）

第7章

不動産の賃貸・運営・売買に
生じる税金一覧 ······· 163

※本書は、原則として2019年1月15日現在の法令・通達等に基づいています。

序章

土地所有者から見た
相続の現状

1 相続財産の約4割は土地

① 相続財産のうち最も多くを占める財産は土地

　相続により取得した財産の構成割合は、土地の割合が最も高くなっており約4割を占めています。

　国税庁の発表資料によると、2017年中に亡くなった人についての相続財産全体の金額に占める土地の割合は、全国平均で36.5％（図表を参照）、東京国税局管内においては40.1％に上り、財産の約4割は土地であるということがよく分かります。

▶相続財産の金額の構成比の推移（全国平均）

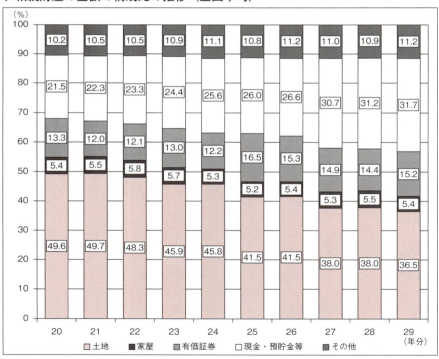

（出典：国税庁「平成29年分の相続税の申告状況について」）

このように、日本における相続財産は土地比率が最も高いという状況をまずは理解する必要があります。なお、この状況は今に始まったことではありません。図表のとおり従前から続いており、この傾向に変わりはありません。

バブル崩壊後は土地の価格が下落してきたことから、割合は少しずつ低下してはいますが、今後大きく減少するようなことはないのではないでしょうか。

つまり、相続を考えるうえで土地のことを抜きにして考えることはできないのです。

② 土地価格の指標を知ろう

土地価格を知るうえでの指標にはどのようなものがあるのでしょうか。年間の大きな流れとしては、例年3月下旬頃に国土交通省から地価公示価格が発表され、その後7月1日に国税庁から路線価が発表されています。ただ、この2つの土地価格ですが、その目的が異なるため意味合いが異なります。

「地価公示価格」とは、土地取引や資産評価をするに当たっての客観的な目安となる土地の価格を示すものとなり、毎年1月1日現在の時価として3月下旬に公表されます。民間取引の指標とされ、公共事業のための用地買収価格の基準ともなる価格です。

また、地価公示価格に似たものに「基準地価格」というものがあります。こちらは都道府県知事が毎年7月1日現在の時価を9月に公表するものです。こちらも土地取引の目安であり、地価公示価格の時点修正的な意義を持つものになります。

これに対し、税金計算を行うために公表される土地価格があり、代表的なものとして「相続税の路線価」と「固定資産税評価額」があります。

「路線価」とは、国税庁が発表する土地価格であり相続税や贈与税を計算する時に使います。路線価は、1月1日現在の価額として市街地の道路に付された1㎡当たりの土地価額であり、その年に発生した相続税・贈与

税の計算は、この路線価を用いて計算します。この路線価は、一般に地価公示価格の80％程度の水準になるように設定されています。

「固定資産税評価額」とは、土地・家屋等に対し固定資産評価基準に基づき評価したものです。こちらも同じく１月１日現在の価額として評価したものであり、固定資産税や登録免許税、不動産取得税などの税金を計算する時に使います。この固定資産税評価額による土地評価額は、一般に地価公示価格の70％程度の水準になるように設定されています。

	地価公示価格	基準地価格	路線価	固定資産税評価額
流通価格との比較	100％	100％	80％	70％
時価算定の基準日	１月１日	７月１日	１月１日	１月１日
管轄行政庁	国土交通省	都道府県	国税庁	市町村
利用目的	民間取引の指標 収用の基準		相続税・贈与税の評価額の計算	固定資産税・不動産取得税・登録免許税の計算 相続税・贈与税の評価額の計算

③ 最近の地価公示価格と路線価の状況

2018年の地価公示価格の発表内容は次のようなものになっています。

■全国平均では、住宅地の平均変動率が10年ぶりに上昇。商業地及び全用途平均は３年連続で上昇。

■三大都市圏では、住宅地・商業地ともに各圏域で上昇。

（単位：％）	住宅地			商業地			全用途		
	2016 公示	2017 公示	2018 公示	2016 公示	2017 公示	2018 公示	2016 公示	2017 公示	2018 公示
全　　　国	▲0.2	0.0	0.3	0.9	1.4	1.9	0.1	0.4	0.7
三大都市圏	0.5	0.5	0.7	2.9	3.3	3.9	1.1	1.1	1.5
東 京 圏	0.6	0.7	1.0	2.7	3.1	3.7	1.1	1.3	1.7
大 阪 圏	0.1	0.0	0.1	3.3	4.1	4.7	0.8	0.9	1.1
名古屋圏	0.8	0.6	0.8	2.7	2.5	3.3	1.3	1.1	1.4

（出典：国土交通省　平成30年地価公示　全国の地価動向）

全国平均では、住宅地の平均変動率が昨年の横ばいから10年ぶりに上昇に転じました。商業地は３年連続、工業地も２年連続の上昇となっています。

　三大都市圏では、住宅地・商業地及び工業地のいずれについても上昇しています。住宅地は、全国的に雇用・所得環境の改善が続く中、低金利環境の継続による需要の下支え効果もあり、利便性の高い地域を中心に地価の回復が進展しています。

　商業地は、外国人観光客を始めとする国内外からの来街者の増加や再開発等の進展などにより、主要都市中心部等で店舗・ホテル等の進出意欲が高い状況です。また、オフィスについても空室率は低下傾向が続き、賃料改善も見られています。

　金融緩和による良好な資金調達環境もあり、法人投資家等による不動産投資意欲は旺盛な状況が続いています。

　このような背景のもと、2020年東京オリンピック・パラリンピックの開催などを踏まえれば、東京を中心とした三大都市圏の不動産価格は今後も堅調に維持されていくと予測されます。

　前述したとおり、路線価は地価公示価格の80％程度の水準になるように設定されています。そのため、地価公示価格が上昇すれば路線価も同じように上昇することになります。したがって、毎年７月の路線価の発表前においても地価公示価格の推移を基に路線価を予想することが可能です。

　三大都市圏の地価公示価格は上記のとおりですので、路線価の上昇を通じて土地の評価額が増加するでしょう。相続税の負担額はまだまだ増加傾向にあると言えるのではないでしょうか。

④ 住宅着工統計を参考にする

　昨今の地価の上昇に伴って、生活に変化はなくとも何かしらの対策をしていない場合には、相続税の負担だけが単純に増加する事態となってしまいます。

そのため、最近は土地の有効活用への関心が高まっており、低金利も追い風に建物の着工件数は増加傾向にあります。

　住宅着工統計は、国土交通省が実施している全国の建築物を対象とする統計調査であり、建築物の動向を知ることができる指標です。この住宅着工統計によれば、平成29年の新設住宅着工戸数は平成28年に比べると、貸家（0.2％増）及び分譲住宅（1.9％増）は増加しましたが、持家が減少（2.7％減）したため、全体では0.3％の減少となっています。平成28年は、特に地方圏の伸び率の影響もあり貸家が前年比10.5％増だった状況に比べると、多少落ち着いてきたようにもみえます。

◆住宅着工統計
　平成29年の新設住宅着工は、貸家及び分譲住宅は増加したが、持家が減少したため、全体で減少となった。
（出典：建築着工統計調査報告（平成29年計分））

　住宅着工統計は国土交通省から毎月調査結果が公表されています。これらの指標などを用いて不動産の流れや相場観を把握するための参考にすることができるでしょう。

2 土地の有効活用が必要な理由

① 最近の金利情勢

▶10年物国債金利の推移

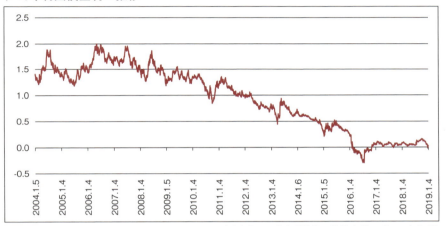

（財務省　国債金利情報の数値を基にグラフを作成）

　一般に長期金利の指標といわれている10年物国債の過去15年ぐらいの推移を見ると、おおよそ1.5％前後の金利水準となっています。特に2011年以降は１％を下回っている状況です。長期金利の動向を見る限り、多少の増減はあったとしても近年は２％を上回る金利水準になったことはないという低金利状態が続いています。

　日銀は量的・質的金融緩和の枠組みを用いて、短期の政策金利を△0.1％、長期金利の指標である10年物国債利回りを経済物価情勢等に応じて上下にある程度変動しうるものとしつつ、０％程度に操作する金融調節を行っています（2018年７月以降の金融政策方針）。

　そのため、2018年における10年物国債金利は0.05％～0.1％前後を推移している状況にあり、2019年もこれが続きそうです。

　このように、昨今は金利が低い状態が長期間続いているため、預貯金や

国債などで運用益を得ることはほとんど見込めない状況ともいえます。

　逆にいえば、今は非常に低金利で資金調達をすることが可能ですので、投資運用のひとつとして不動産投資を検討するには良い時期だと考えることもできます。

　日銀がインフレ率2％を目指していることから、今後は緩やかなインフレが実現されることも想定されます。そうなれば、金利も上昇することになるでしょうが、過去20年ぐらいの経緯をみますと今後驚くような高金利になるような可能性は低いのではないかと思われます。

　金利が上昇するということはインフレ経済となり物価も上昇する局面に入ります。そうであれば不動産価値は上がることになりますから、今後の局面を考えるとインフレ対策として不動産投資と上手に付き合っていくことが大事です。

② 固定金利と変動金利

　金融機関から資金調達を行う場合、一般的には不動産事業向けのローンであるアパートローンを利用することになります。

　借入れ可能な期間は建物の耐用年数以内というのが原則であるため、中古物件を購入する時には注意が必要ですが、土地活用として建物を新築する場合には長期間の借入れを行うことができます。

　金利は、固定金利にするか変動金利にするかを選択する必要がありますが、全期間をどちらかにする必要はありません。固定金利選択（特約）型という金利支払方法があり、2年、5年、10年といった具合に一定期間のみ固定金利を適用させ、その期間が終了した後は、再度固定金利とするか変動金利に変更するかを選択することができる商品があるからです。

　現在は非常に金利が低い時期ですから、長期間の固定金利も低い金利で借入れを行うことができます。そのため、長期間の返済資金を固定できるメリットがある固定金利での借入れも一考の価値はあります。

ただ、やはり変動金利の超低金利も魅力です。１％を切る金利で調達できる場合もありますので、変動金利と固定金利を組み合わせて借入れを行うことも良いのではないでしょうか。また、固定金利選択（特約）型を用いて当初10年間程度を固定金利とすることも良いかもしれません。

▶借入金利の方式

変動金利型	一般に金融機関所定の短期プライムレートに連動する長期貸出金利を基準にした金利。 金利は短期プライムレートの変動に応じて随時見直されます。
固定金利型	借入時の適用金利が返済期限まで適用され、金利の見直しはありません。
固定金利選択（特約）型	融資期間の範囲内で、２年、３年、５年、10年、15年、20年など、金融機関が設定するいずれかの固定金利適用期間を選択するもの。 固定金利期間終了後は、変動金利とするか再度固定金利とするかを選択することが可能。

③ 賃貸住宅の動向

　建物を賃貸した場合、それが住宅系であるかオフィス系であるかにより景気から受ける影響が異なります。

　オフィスビルは景気動向によって空室率や賃料の変動が大きいという特徴があります。これに対して賃貸住宅は賃料が比較的安定しており、景気変動があったとしても直接的な影響を受けにくい安定した物件であるという特徴があります。そのため、比較的安定した不動産賃貸事業を行うのであれば賃貸住宅が適しているといえます。

④ 相続税の負担軽減策は難しくなってきている

　以前は相続税の負担軽減策として年金保険などに加入することで相続税評価額を大きく引き下げることができました。ところが、この取扱いはあまりに弊害が大きいということで2010年度の税制改正で評価額の圧縮ができないようになっています。このような中、不動産投資は相続税の評価額を大きく圧縮することができる残された方法です。

今後はインフレ対策という側面も含め、資産運用の一環として土地活用を行うことが相続税対策の面からも非常に重要なことだといえます。

> ### コラム　固定金利型と違約金
>
> 　既存の借入金の金利を下げようと、他の金融機関などへ借換えを行う場合があります。この時に固定金利型で借りていたものを見直すのであれば注意が必要です。固定金利型や固定金利選択型の固定期間中に繰上返済を行った場合には、通常は多額の違約金が発生します。そのため、借換えによって金利を下げることができたとしても違約金があるためその効果が実質的には得られないこともあります。固定金利によるアパートローンは期間の途中で繰上返済をすることが想定外である商品なのです。
>
>

3 相続対策を考える

① 分割・納税・税負担の軽減の順番で考える

相続対策を考える場合、どうしても相続税のことが気になり税負担の軽減をまず先に考えてしまうことが多いようです。ただし、これは相続対策を考えるうえでの順番としては間違いです。

相続対策としては、まず遺産分割について考え、次に納税について、最後に税負担の軽減についてという順番で考えることが重要です。

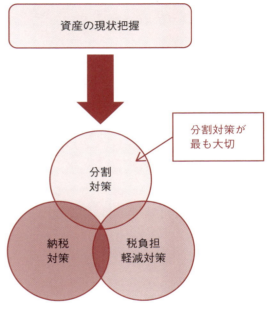

相続が発生すると亡くなった方の財産は相続人の間で共有状態となります。誰がどの財産を引き継ぐのかが決まるまで財産はあくまで相続人全員の共有です。そのため、どのように財産分けを行うのかについての話し合いである遺産分割協議が終了しない限りは、言ってみれば財産はあくまで宙ぶらりんの状態なのです。相続人1人だけの意思で売却などの処分行為をすることも当然できず、相続手続きは何も済んでいないことと同じだといえるでしょう。また、遺産分割が済んでいない場合には、相続税の特例である配偶者の税額軽減や後述する小規模宅地等の特例を利用することもできず、税金面でも不利になりますから遺産分割は最も大切な事項といえます。

1	**分割対策**：遺産分割方針の決定。 遺言書の作成など。

2	**納税対策**：相続税の納税可否の検討。生命保険金 の活用。延納、物納などの検討など。

遺産分割が終了していないと利用できない相続税の主な特例

1　配偶者の税額軽減
2　小規模宅地等の評価減
3　農地の納税猶予
4　物納　　　　　　　など

3	**税負担軽減対策**：相続税評価額の圧縮。土地の有 効活用、生前贈与、法人活用など。

　遺産分割の次は納税ができるか否かが大切です。相続税は、相続発生から10か月以内に納める必要があり、現金一括納付が原則です。一括納付ができない場合に限り分割払いである延納ができ、延納をしても納税することが難しい場合に初めて財産による納税としての物納が認められます。納税が可能であるかどうかは遺産分割の仕方により影響を受けますので、遺産分割は、各相続人の納税を踏まえて行うことが大切だといえます。

　そして、分割、納税の目処がついたうえで税負担の軽減対策を行えばその効果が最も発揮されることになるでしょう。

② 共有は絶対避けるべき

　相続財産をどのように承継、分割するのが良いかを考えるのが難しいからと、相続のときに安易に共有相続してしまうケースが多く見られます。共有による相続はそれぞれの相続人の権利が平等のため、一見するととても良さそうにみえます。しかしながら、共有財産は多くの問題を抱える状況にあります。ただ単に所有しているだけであればあまり問題が生じないため、その状態を放置しているのではないでしょうか。

　そもそも共有とは、ひとつの物を複数の者が所有していることをいいます。共有となったとしても、それぞれが持分に相当する所有権を独立して

持っており、自分の持分を処分することは単独で行うことができますが、財産の使用や管理などについては民法上のルールがあります。

▶共有物のルール

処分（売却）	共有持分の処分は単独でできる
	共有物全部の処分は全員の同意が必要
使用	共有物の全部について持分に応じて使用可能
変更（状態の変化）	共有物の変更は全員の同意が必要
管理（利用）	共有持分価額の過半数の同意で行う
保存（現状維持）	共有者単独でできる

　民法では、共有者単独で行えないことがいくつか定められています。特に、財産を売却しようとするときには、共有者全員の同意が必要になることが一番の障壁になります。共有者が複数いれば全員分の同意が必要となるため、1人でも売却に納得しない場合には、売却をすることができなくなってしまいます。また、売却に同意をしていたとしても、各共有者が納得する心の中にある売却想定金額はそれぞれ異なることでしょう。誰かがこの金額では売りたくないといえばそれまでなのです。共有者は常にいつも同じ考え方を持っているわけではありません。財産の利用の仕方で意見が衝突すれば親族関係が悪化することにもなります。

　このように、共有財産は煩わしい点があり、問題を抱えていることからわざわざ取得したいと思う人は通常はいません。ところが、最近は共有持分を購入する専門業者が存在します。共有者のうちの1人が共有持分を整理したいことを優先し、彼らに自分の共有持分だけを時価より低い金額でも良いからと売却してしまうとどうなるでしょう。業者は取得後、他の共有者に対して買取りを迫ることになるでしょう。また、共有物分割に係る訴訟を起こすかもしれません。

　遺産分割を考えるときには、財産が共有とならないような分け方を考えることが重要です。

③ 遺言の活用

相続対策には遺産分割がとても大切であることを述べました。

相続が発生した時に、相続人全員が仲良く話し合いをして遺産分割をすることができれば一番良いのですが、兄弟姉妹の仲が良かったとしても必ずしも遺産分割手続きがスムーズにできるとは限りません。

遺された財産が全て預貯金や有価証券であれば換金することも簡単ですが、不動産などがあれば簡単に換金することはできません。また、思い入れのある財産や個人的な事情なども絡んでくると何の指標もなしに相続人間だけで公平に分割を行うことは難しくなってくるでしょう。

そのため、遺される相続人の方のためにも遺言を作成しておくことはとても大切です。最近は、遺書のひとつでもあるエンディングノートというものが有名ですが、エンディングノートは厳密には遺言とは異なります。法律的にも、しっかりとした遺産分けの方針を定めることができる遺言を書いておくことをお勧めします。

遺言には、自筆証書遺言、公正証書遺言、秘密証書遺言などがありますが、実務上は形式的な不備がなく、遺言の改ざんなどの問題が生じない公

	自筆証書遺言	公正証書遺言	秘密証書遺言
メリット	●作成費用がかからない。 ●秘密に作成できる。	●法的不備がない。 ●裁判所での検認が不要。 ●原本を公証人が保管するため、紛失等のおそれがない。	●遺言の内容を秘密にして作成することができる。
デメリット	●遺言書が発見されないことがある。 ●形式に法的不備があれば、遺言が無効となる可能性がある。 ●隠匿・破棄等のおそれがある。 ●裁判所での検認が必要。	●作成費用がかかる。 ●証人2人が必要である。 ●秘密に作成できない。	●形式に法的不備があれば、遺言が無効となる可能性がある。 ●隠匿・破棄等のおそれがある。 ●裁判所での検認が必要。

正証書遺言を作成することがベストです。

④ 自筆証書遺言の方式緩和

　遺言の概要については③のとおりですが、民法のうち相続法の分野について大きな改正が行われました。2018年7月6日に可決成立し、7月13日に公布された新しい民法では、自筆証書遺言の作成にあたり方式の緩和が行われており、2019年1月13日から施行されました。したがって、2019年1月13日からは新たに緩和された作成ルールにより自筆証書遺言を作成することができるようになったのです。

　注目の改正内容ですが、改正前の自筆証書遺言はその全文について自書が要求されていたところ、改正民法施行後は、本文はこれまでと同様に自筆とする必要がありますが、遺言に添付する相続財産の目録は自筆でなくても良いということになりました。今までは、細かに財産の承継方法を決める場合、数多くの財産内容・目録を遺言として全て自筆する必要があり大きな負担となっていました。改正後は、パソコン等で作成した財産目録を添付することで良いことになったのです。

【改正の概要】
- ●パソコン等で財産目録を作成可能（通帳のコピーも可）
- ●財産目録にはページごとに自署押印が必要
- ●遺言書本文は今までどおり自書の必要があるが、財産目録を活用することで自筆箇所が減少し、負担が軽減

⑤ 自筆証書遺言の法務局での保管制度

　上記民法改正に伴い、新たに法務局における自筆証書遺言の保管制度も創設されています。実際の施行日はまだ少し先ですが、2020年7月10日に施行されることが決まっており、施行後はこの制度を利用することができます。

この制度は、高齢化の進展等の社会経済情勢の変化に鑑み、相続をめぐる紛争を防止するという観点から、法務局において自筆証書遺言を保管するという趣旨で作られました。

　今までの自筆証書遺言は自宅で保管されることが多いため、紛失・亡失するおそれがとても高いという欠点がありました。また、相続人により遺言書を改ざん・廃棄・隠匿されるおそれもありました。そこで、法務局が自筆証書遺言の保管場所を提供し、自筆証書遺言の利用を促進する改正が行われたのです。

【制度の概要】
●封のされていない法務省令で定める様式によって作成された自筆証書遺言を法務局にて保管
●遺言書の紛失や隠匿等の防止が可能
●保管された遺言書は裁判所の検認手続きが不要
●保管の申請等にあたっては手数料が必要

　このように、自筆証書遺言は民法改正や新たな保管制度の創設により、以前より使い勝手がだいぶ良くなりました。このような流れを踏まえれば、遺言の作成と活用は相続を考えるうえでは必要不可欠なものとなったといっても過言ではないでしょう。

コラム　遺言は公正証書遺言がベスト

　遺言作成の費用がかからないため、自筆証書遺言を用いたいという声をよく聞きます。民法改正などにより使い勝手がとても良くなってはいますが、その理由が費用のことだけなのであれば、なおさらに公正証書遺言を作成することをお勧めします。確かに公正証書遺言は費用がかかりますが、公証人が関与したうえで作成するため、形式的な不備がないのはもちろんのこと、遺言者本人の意思による遺言ではないというようなトラブルが生じることもほとんどありません。また、財産の記載漏れや遺言執行手続きのことも踏まえて助言をし、作成してくれるという大きなメリットがあります。

　相続発生後も検認手続きをする必要がないため、遺言に従って迅速に手続きを行うことが可能です。自筆証書遺言では財産の記載漏れが生じるケースなども多く、結局は遺産分割が必要になってしまったケースがあります。せっかく作成する遺言です。間違いのないしっかりしたものを作成しておくことが一番大事です。

自筆証書遺言
→記載漏れが生じやすい

証人2人　　公証人

公正証書遺言
→不備なく作成できる

第**1**章

相続税増税と
最近の税制改正の内容

4 2015年から相続税が増税

① 相続税改正により課税割合が増加

▶基礎控除の引下げ

| 2014年12月31日までの場合 | 5,000万円＋1,000万円×法定相続人数 |

▼

| 2015年1月1日以後の場合 | 3,000万円＋600万円×法定相続人数 |

▶相続税の速算表

2015年1月1日以後の場合		
法定相続分に応ずる取得金額	税率	控除額
1,000万円以下	10%	—
3,000万円以下	15%	50万円
5,000万円以下	20%	200万円
1億円以下	30%	700万円
2億円以下	40%	1,700万円
3億円以下	45%	2,700万円
6億円以下	50%	4,200万円
6億円超	55%	7,200万円

▶贈与税の速算表

基礎控除後の課税価格	2015年1月1日以後の場合			
	一般の贈与		直系尊属からの贈与	
	税率	控除額	税率	控除額
200万円以下	10%	—	10%	—
300万円以下	15%	10万円	15%	10万円
400万円以下	20%	25万円		
600万円以下	30%	65万円	20%	30万円
1,000万円以下	40%	125万円	30%	90万円
1,500万円以下	45%	175万円	40%	190万円
3,000万円以下	50%	250万円	45%	265万円
4,500万円以下	(3,000万円超) 55%	400万円	50%	415万円
4,500万円超			55%	640万円

2015年1月1日以後に開始した相続から相続税が増税されています。

国税庁は2018年12月に2017年分の相続税の申告状況を公表し、増税後の申告状況が明らかとなってきています。

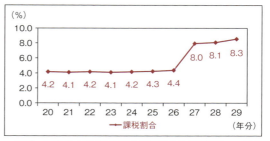

▶課税割合の推移

(出典：国税庁「平成29年分の相続税の申告状況について」)

これによると、相続が発生した方のうち相続税の申告書を提出した方の割合を示す課税割合は、基礎控除の引下げの影響によって、2014年の4.4％から2015年は8.0％、2016年は8.1％、2017年は8.3％へと大幅に増加しています。

すなわち、相続税の申告が必要な方が従前の倍になったということであり、課税割合の上昇は、相続税の課税価格1億円以下の方の増加に基因しているといえます。つまり、今までは相続税とは関係がなかった方が新たに課税対象となったことが公表データから見てとれます。

なお、東京国税局管内における課税割合は、2014年の7.5％から2015年は12.7％、2016年は12.8％、2017年は13.2％へと増加しています。東京では、10人に1人以上の割合で相続税申告が必要な時代となりました。

これからは、自宅と多少の預貯金を保有しているだけでも相続税の課税対象になることでしょう。もはや相続税は富裕層だけの税金ではなくなったのです。

▶被相続人数の推移

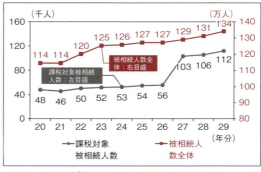

(出典：国税庁「平成29年分の相続税の申告状況について」)

021

② 今後は贈与を活用

　これに対し、贈与税は減税方向へと風が吹いています。相続税の税率が55％へと引き上げられた関係上、贈与税の最高税率も同じく55％まで引き上げられてはいますが、従前に比べれば贈与税の負担を抑えた贈与が行いやすくなっています。特に、現行では20歳以上の方が父母や祖父母などの直系尊属から贈与を受けた場合の贈与税負担は従前に比べて大幅に軽減されています。高齢者が保有する金融資産を現役世代に移転させ、経済活性化のために活用をしてもらうことを税制面でも後押ししているのです。

　なお、民法における成年年齢引下げの改正に伴い、2022年4月1日からは、18歳以上の方がこの軽減された税率を利用できます。

　例えば、直系尊属から20歳以上（2022年4月1日以後は18歳以上）の方へ1,000万円の贈与をしたケースであれば、改正後は改正前に比べて54万円も税金が減少します。相続税は基礎控除が引き下げられ増税となりましたが、生前贈与をうまく活用することで相続税の基礎控除の減少分を事前に取り戻しておくことも可能です。

贈与税の計算例 直系尊属から1,000万円の贈与を受けた場合	
・1,000万円－110万円 　　（贈与税の基礎控除）＝890万円 ・贈与税の計算 　890万円×40％－125万円＝231万円	・1,000万円－110万円 　　（贈与税の基礎控除）＝890万円 ・贈与税の計算 　890万円×30％－90万円＝177万円
2014年12月31日まで	2015年1月1日以後

改正後は
54万円
減税

③ 贈与税の特例

相続税対策として即効性のある贈与税の主な特例

○配偶者控除の特例　　　　　　⇒　2,000万円の贈与が非課税
○住宅取得等資金贈与の特例　⇒　時期により異なるが最大3,000万円が非課税
○教育資金贈与の特例　　　　　⇒　1人につき1,500万円が非課税

贈与税に関しては税制上次のような特例が用意されており、税負担が軽減されています。特例をうまく活用することで財産の移転を無税で行うことができます。

◆ 配偶者控除の特例

　婚姻期間が20年以上の夫婦の間で、居住用不動産または居住用不動産を取得するための金銭の贈与を行った場合、2,000万円までは贈与税が課税されない特例です。

　この特例を利用すれば現在住んでいる自宅建物および敷地を贈与することも可能ですので、相続財産をすぐに2,000万円減少させることができます。

　ただし、不動産の贈与による取得は相続による取得とは異なり不動産取得税が課税されます。

婚姻期間20年以上の夫婦

◆ 住宅取得等資金贈与の特例

　直系尊属から住宅取得等に係る資金の贈与を受けた場合には、一定金額までについて贈与税が非課税となります。非課税枠は住宅の取得等に係る売買（請負）契約の締結日によって異なりますが、2015年度の税制改正により最大で3,000万円まで拡充されました。

　子や孫の自宅購入資金を一定金額まで無税で援助できる制度ですので、相続税対策を兼ねてうまく利用すると良いでしょう。

◆ 教育資金贈与の特例と結婚・子育て資金贈与の特例

　30歳未満の人が直系尊属から教育資金の贈与を受けた場合には、1,500万円までの金額が非課税となる特例があります。また、2015年度税制改正により20歳以上50歳未満の人が直系尊属から結婚・子育て資金の贈与を受けた場合には1,000万円までの金額が非課税となる特例が創設されています。いずれの制度も2019年度税制改正大綱によれば、受贈者の合計所得金

額が1,000万円を超える場合は適用除外になる予定です。

　この２つの制度は非常によく似ていますが、贈与者が死亡した時の取扱いが異なります。

　贈与を受けた金額のうち未利用分があった場合、教育資金贈与は相続税に影響はありませんが、結婚・子育て資金贈与は未利用分を相続財産として戻し入れる必要があります。

　これらの特例により贈与された金銭は、通常は数年から十数年かけて利用するものです。

　したがって、相続税対策としての確実な効果があるのは教育資金贈与の特例といえます。

　なお、2019年度税制改正大綱によれば、教育資金贈与の場合であっても受贈者が23歳未満であるなど一定の場合に該当しないときには、贈与者の死亡前３年以内の贈与が相続財産に加算される取扱いになる予定です。

　したがって、今後のことを踏まえると相続直前に考えるのではなく、教育資金贈与も計画的に行っておく必要があります。

5 空家の敷地は固定資産税が増加する可能性がある

① 特定空家に該当すると土地の固定資産税等が増加

　倒壊の危険性や衛生的に問題がある空家（特定空家）に対して自治体が除却や修繕の指導、勧告、解体命令をすることができる「空家等対策の推進に関する特別措置法」が2015年に施行されました。

　この法律が施行されたことで、今後は自治体が改善を促したにもかかわらず、特定空家の放置を続けた場合には行政代執行による解体が国の法律により認められることになりました。

　国としては、安全面にも問題がある空家をこれ以上放置することはできないということでしょう。

固定資産税等における住宅用地の特例

住宅用地については、その税負担の軽減を図る目的から課税標準の特例措置が設けられています。

区　　分		固定資産税の課税標準	都市計画税の課税標準
小規模住宅用地	住宅用地で住宅1戸につき200㎡までの部分	価格 × $\frac{1}{6}$	価格 × $\frac{1}{3}$
一般住宅用地	小規模住宅用地以外の住宅用地（家屋の総床面積の10倍まで）	価格 × $\frac{1}{3}$	価格 × $\frac{2}{3}$

特定空家に該当すると、本特例が利用できなくなる

　この「空家等対策の推進に関する特別措置法」の施行により特定空家に該当した場合には、その後の土地の固定資産税等が増加してしまうことになります。

　屋根や外壁の大きな傷みや汚れ、立木の散乱、小動物やハエなどの発生で周辺住民に影響を及ぼす場合などには特定空家に該当する可能性があります。このような特定空家の所有者に対して、周辺の生活環境の保全を図るために必要な措置をとるように市町村長が勧告をした場合には、その敷地の固定資産税等は住宅用地特例の対象外となるのです。

　固定資産税の住宅用地の特例とは、固定資産税の課税標準が住宅の敷地は1戸当たり200㎡まで6分の1に、200㎡を超える部分も住宅の総床面積の10倍までの敷地が3分の1に軽減されるという制度です。
　したがって、この特例の対象外になるということは、単純に固定資産税の負担が最大で6倍になる可能性があるということです。
　収益を生んでいない物件であるうえに、固定資産税の負担も増加するのですから、空家対策は待ったなしの状態です。老朽化した建物や空家となってしまった物件は税の観点からも早急に対策を行う必要があります。

② 未利用地を活用することで税務の特例も利用できる

居住用または事業用財産についての特例

■居住用財産に係る特例
　居住用の不動産を売却した場合には次のような特例があります。
　・3,000万円の特別控除
　・軽減税率の適用
　・買換えの特例
　・譲渡損失が生じた場合の損益通算および繰越控除の特例　など

■特定事業用資産に係る特例
　事業用財産を売却した場合には、買換えの特例があります。
　・既成市街地等内から既成市街地等外への買換え
　・10年超所有財産の買換え　など

居住用または事業用財産であったとしても、遊休地となってしまうと次の特例は利用できなくなります

要注意！

　未利用地や駐車場用地などは前述の住宅用地の特例が適用されないため、住宅の敷地に比べて固定資産税等の負担が高いというのは有名な話です。
　空家に限らず土地の有効活用を行うということは、固定資産税等の負担面からしても非常に有利になります。空家を放置しないことは当然ですが、納税資金用などとして単純に未利用地や駐車場用地を残しておくこと

が常にベストであるとはいえません。固定資産税等以外にも未利用地であると適用することができない税務の特例は複数あります。将来の相続を踏まえながら、財産構成や土地の活用方法を見定めることが必要です。

③ 相続時空家であれば特別控除制度の利用を検討

　2016年度の税制改正で、被相続人の自宅であった空家およびその敷地で一定の条件を満たすものを相続した人が、その空家に耐震リフォームをして売却した場合、またはその空家を取り壊して更地にしてから売却した場合には、売却益から3,000万円を控除することができる制度ができました。

イ　空家についての要件

A	相続発生時に被相続人が１人暮らしをしていた家屋であること。 老人ホーム等に入所をしていた一定の場合も対象（2019年度税制改正大綱）
B	1981年５月31日以前に建築されたものであること。
C	区分所有建築物（マンション等）でないこと。
D	相続が発生してから売却するときまでずっと空家だったこと（居住、貸付、事業の用に供していないこと）。

ロ　売却についての要件

A	相続が発生してから３年後の年末までに売却すること。
B	2016年４月１日から2019年12月31日（2023年12月31日まで延長予定）までの間に売却すること。
C	空家に耐震性がない場合には耐震リフォームをしてから売却すること。または取り壊して更地にしてから売却すること。
D	売却金額が１億円を超えないこと。
E	親族や同族会社への売却でないこと。
F	相続財産を譲渡した場合の取得費加算の特例の適用を受けないこと。

　この制度は、相続をきっかけに空家となった建物の売却を促進する制度のため、被相続人が１人暮らしであったことが要件です。そのため、１人暮らしは大変だろうと相続開始前に子の家に住まわせたり、相続開始時に誰かが一緒に住んでいた場合には対象外です。つまり、利用できる方が限られる制度といえるかも知れません。

🔍コラム　空家期間が長いと売却時の税金も高くなる

　居住用財産や事業用財産を売却した場合には、譲渡所得税等が軽減される特例が用意されています。居住用財産であれば、①譲渡益から3,000万円を控除することができる特別控除の特例や、②税率の軽減制度、③自宅を買い換えた場合の特例などがあります。ただし、これらの特例は居住の用に供さなくなってから3年が経過する年の年末までに売却した場合に適用できるものです。したがって、この期間内に売却をしないとせっかくの特例が利用できず結果として税負担が大きくなってしまいます。

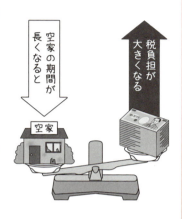

　事業用財産については買換えの特例があります。旧事業用財産を売却し、新たな事業用財産に資産を組み換えるような場合にはこの特例を利用することで税負担を軽減することができます。ただし、この特例はあくまで事業（事業に準ずる場合も含む）の用に供されている財産の買換えであることが要件です。以前は事業用に利用していたとしても、その後遊休資産となっている場合には、この特例が利用できなくなってしまいます。

　このように、遊休資産や未利用資産は税金上も特典がありません。税負担の観点からは、遊休資産になる前に何らかの対策を行うことが必要です。

第 2 章

土地を有効活用した時の
様々な税務メリットを知る

6 賃貸建物を建てると相続税対策になる

① 相続税対策になる理由

　更地で所有しているような遊休地や駐車場用地に賃貸建物を建築した場合には、相続税評価額を大きく引き下げる効果があります。

　これは、賃貸建物自体の評価引下げ効果と、敷地である土地の評価引下げ効果の2つが影響することによります。

▶不動産の相続税評価の方法

土地の評価方法	
①自宅敷地	路線価×土地面積
②貸家の敷地	路線価×土地面積×（1－借地権割合×借家権割合）
③貸地（底地）	路線価×土地面積×（1－借地権割合）
建物の評価方法	
①自宅建物	固定資産税評価額
②貸家（賃貸建物）	固定資産税評価額×（1－借家権割合）

　例えば、相続税評価額で1億円の価値がある土地と現金を1億円保有している方がいたと仮定します。この状態での財産評価額は当然、土地1億円＋現金1億円ということですから2億円の財産を保有していることになります。そして、この評価額がそのまま相続税の対象ということになります。

　この土地に、保有する現金1億円を用いて賃貸建物を建築した場合、相続税の対象額は以下に述べるとおり、おおよそ1億2,400万円へと大きく減少することになります。

030

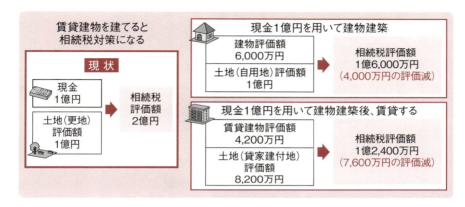

② 賃貸建物の評価

現金1億円　⇒　賃貸建物（貸家）評価額　4,200万円
　　　　　　　　（5,800万円の評価減）

建物の評価額は固定資産税評価額を用いて評価することになっています。

固定資産税評価額はだいたい建物建築価額の50％から70％程度になることが多いといわれています。そのため、現金1億円を用いて建物を建築した場合には建物の固定資産税評価額は約6,000万円（建築価額の60％の場合）になります。

そして、この建物を他人に賃貸して貸家とした場合には、さらに30％引きで評価をしてよいことになっています。したがって、賃貸建物の評価額は結局、6,000万円×（1－30％）＝4,200万円となるのです。

ちなみにこの30％は、建物を貸しているため借家権割合を控除するという意味合いであり、借家権割合は全国一律30％と定められています。

③ 賃貸建物の敷地の評価

土地1億円　⇒　賃貸建物の敷地（貸家建付地）評価額　8,200万円
　　　　　　　　（1,800万円の評価減）

賃貸建物、いわゆる貸家の用に供されている土地は、土地の評価額を更

地に比べて減少させる取扱いがあります。この貸家敷地のことを貸家建付地と呼びます。

貸家建付地の評価は、貸家を利用している借家人は建物だけではなくその敷地についても利用する権利があると考えられることから、借家人が有する土地利用権部分を調整する意味合いで土地評価額を減じるものです。

具体的には、借地権割合に前述の借家権割合30％を乗じた額を土地評価額から差し引くことができます。借地権割合は路線価図に記載がされており、地域別に異なりますが市街地の住宅地では60％や70％に設定されている場合が多いです。

例えば、借地権割合が60％の地区であれば、貸家建付地の評価額は、
　1億円×（1－60％×30％）＝8,200万円となるのです。

④ 賃貸建物建築の効果は借入金の有無とは関係ない

上述のとおり賃貸建物を建築することで、2億円の相続財産が1億2,400万円になります。この賃貸建物の建築による相続税評価額の引下げ（相続税の負担軽減）というものは、借入金で建物を建築したか否かは関係がありません。借入れをすると相続税が安くなるという話を時々耳にしますが、借入れを行うことと相続税対策とは関係がありません。あくまで

土地の有効活用をして建物を建築したか否かが唯一のポイントだということを理解してください。

コラム　自宅をリフォームすると評価額は増加するか

　最近は自宅をバリアフリーにすることなども含めて自宅のリフォームをする方も多いかと思われます。このようなリフォームを行った場合には、建物の固定資産税評価額は増加するのでしょうか。確かに建物の内部は新しいものに取り換えられるでしょうし、使いやすくなるはずです。このリフォームに関する実務上の取扱いですが、増改築などのよっぽど大きな工事が行われない限り固定資産税評価額は変更されないことになっています。つまり、一般的なリフォーム工事は建物の維持管理のひとつである修繕として考えられているのです。すなわち、リフォームをしても相続税評価額は変わらないというのが原則です。

　そうは言っても、相続開始前に大きなリフォーム工事を行って現預金が多額に減少している場合には、税務署はこの工事は単なる修繕ではなく増改築等に準じて価値が増大している部分があるのだと指摘してくることが想定されます。自宅のリフォームは元気なうちに行うことが税務上のトラブル回避となります。

7 土地はその利用、分け方次第で評価額が下がる

① 税務上の土地評価の単位

　相続税における土地の評価は利用単位ごとに行うことになっています。登記されている単位ごと、いわゆる筆ごとに評価を行うものではありません。そのため、利用単位が1つであれば複数の筆の土地を合わせて評価単位とします。

　評価単位が分かれることで土地の評価額が下がることがあります。

　例えば、図1のような角地にある土地は2つの道路に接していますから、土地の評価額は2つの路線価の影響を受けて高く評価されます。

　ところが、この土地の一部に賃貸建物を建築した場合には、利用単位が分かれるため評価単位は2つとなります。

　そのため、駐車場部分は1つの道路にのみ接する土地として評価がされることになり、土地全体の相続税評価額が下がることになるのです。

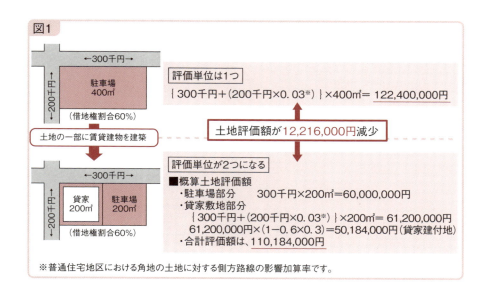

※普通住宅地区における角地の土地に対する側方路線の影響加算率です。

また、このケースであれば賃貸建物を建築したことにより土地の相続税評価額はさらに下がっています。

② 土地を分けて相続すると評価額が下がる可能性がある

日本の相続税は遺産取得課税方式をベースとした法定相続分課税方式というものが採用されています。

この遺産取得課税方式では、各相続人が取得した遺産は相続人ごとに評価をしていくことが原則です。したがって、相続する土地の分け方によっては評価額が異なる結果となります。例えば、図2の土地を相続人2人が共有で相続した場合は、その全体を一体として評価することから2つの道路に接する角地であるとして評価額が高くなります。

これに対し、この土地を分筆して2人が別々に相続した場合には、相続人ごとに土地を評価することになりますので、評価単位は先ほどの例と同様に2つに分かれることになります。結果として、同じ土地であっても遺産分割の仕方により土地全体の相続税評価額が異なる結果になります。

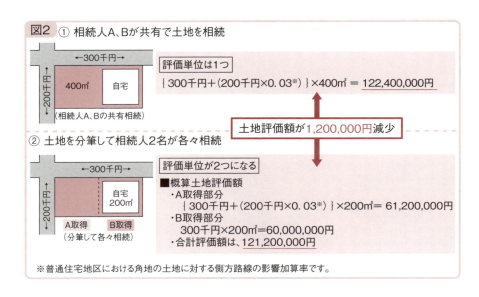

③ 不合理な分け方は認められない

土地を分けて相続すれば評価額を下げることが可能であるからといって、そのことだけを目的に遺産分割を行うことは本末転倒です。なお、あまりに不合理な分け方を行った場合にはそれを認めないという取扱いがありますので注意をしてください。

前述のとおり、原則は相続人ごとに土地を評価することになりますが、あまりに不合理な分け方を行った場合には別々に評価をすることができなくなります。

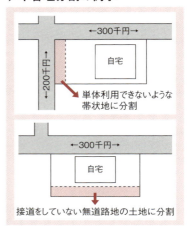

▶不合理分割の例示

具体的には、分割後の土地が通常の用途に供することができないなど、その分割が著しく不合理であると認められるときには分割前の土地を評価単位として評価することになります。著しく不合理であると認められるときの例示としては次のようなものがあります。

- 無道路地または帯状地となる場合
- その地域における標準的な宅地の面積からみて著しく狭あいな宅地となる場合
- 現在のみならず、将来においても有効な土地利用が図られないと認められる場合

コラム　遺産分割後に土地を交換すると余計な税金がかかる

　土地を相続するなら相続人間の共有ではなく、相続人ごとに土地を分けて相続した方が良いです。遺産分割でとりあえず相続人全員の共有としてしまうケースがありますが、共有不動産はその後必ずといっていいほど共有者間で利用方法や売却の方向性など、意見の相違が生じ問題が起きることが想定されます。場合によっては、現状維持以外の利用ができないような土地になってしまうでしょう。

　共有不動産を事後に整理する場合には、相続で分割することとは異なりますので余計な費用や税金が生じます。地続きではない土地の持分を交換する場合、その交換が税務上一定の要件を満たさない限り相互に売買したとみなされ譲渡所得税等が課税されるおそれがあります。また、一定の要件を満たして譲渡所得税等が課税されなかったとしても不動産取得税は必ず課税されますので余計な税金が生じることになります。

8 地積規模の大きな宅地の評価

① 旧広大地の取扱いが改正

　2017年までは、地積の大きな宅地についての評価方法として広大地評価（以下、「旧広大地」という）という取扱いが定められていました。

　旧広大地は、その地域における標準的な宅地の地積に比べて著しく地積が広大な宅地で、都市計画法に規定する開発行為を行うとした場合には、道路などの公共公益的施設用地の負担が必要と認められる土地のことをいいました。た だし、大規模工場用地や中高層の

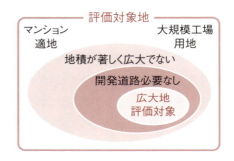

集合住宅等の敷地に適している土地（いわゆるマンション適地）は、広大地からは除かれていました。この旧広大地に該当すると、一般的には通常の評価方法に比べて極めて低い評価額となり、土地の相続税評価額が大きく減少しました。

　ただ、この旧広大地の評価は、個別の土地の形状等とは関係なく面積に応じて比例的に減額するものであったため、広大地の形状によっては実際の取引価額と相続税評価額とが大きく乖離してしまうという問題が生じていました。

▶旧広大地の評価方法

広大地評価額＝正面路線価×広大地補正率※×地積

※広大地補正率 $= 0.6 - 0.05 \times \dfrac{\text{地積}}{1{,}000\text{㎡}}$

例えば、評価地積が1,000㎡の土地であれば補正率は路線価の55％、つまり45％引きで評価ができますので、土地の相続税評価額は大きく減少します。

また、評価対象地が旧広大地に該当するか否かの適用要件は、定性的（相対的）なものであったためその判断は非常に難しく、税務署と意見が相違するトラブルも多く生じていました。

　そこで、この旧広大地の取扱いは2017年までで廃止されることとなり、2018年以降は新たな評価方法として「地積規模の大きな宅地の評価」というものが新設されました。

　なお、2017年までの相続、贈与の評価は従前どおり旧広大地が適用されます。そのため、すでに申告を行ってしまった方であっても、土地の評価を見直したところ旧広大地の適用ができる土地が発見されることもあります。このような時には、税務署に対して評価を訂正して税金の還付請求をすることができます。すでに行った申告の税額を減額してもらうためのこの請求を「更正の請求」といいます。相続税に係る更正の請求は申告期限から5年間行うことができますので、すでに申告を行ってしまった方も見直せるチャンスがあります。

▶広大地補正率の計算例

地積	広大地補正率
1,000㎡	0.55
2,000㎡	0.50
3,000㎡	0.45
4,000㎡	0.40
5,000㎡	0.35

・広大地の規定は5,000㎡以下の地積のものを対象とします。
・ただし、5,000㎡超の地積であっても広大地補正率の下限0.35を適用して評価することは可能です。

② 2018年からは地積規模の大きな宅地の評価

　2018年からは、新たな取扱いである「地積規模の大きな宅地の評価」という方法を用いて評価することになります。この評価方法は、財産評価の適正化を図ることもあり、その適用要件が明確化されています。具体的には、地区区分や都市計画法の区域区分等を基に評価することにより定量的（絶対的）な評価方法とされました。

　地積規模の大きな宅地とは、三大都市圏においては500㎡以上、それ以外の地域においては1,000㎡以上の地積の宅地をいい、路線価図の地区の定めが普通商業・併用住宅地区および普通住宅地区に所在するものをいい

ます。なお、倍率地域に所在する土地も該当します。ただし、㋑原則として市街化調整区域に所在する宅地、㋺工業専用地域に所在する宅地、㋩指定容積率が400％以上（東京都特別区は300％以上）の地域に所在する宅地、㋥大規模工場用地は適用除外となります。

　この地積規模の大きな宅地に該当すると、通常の宅地評価額から減額がなされますので忘れずに適用を行う必要があります。

　また、例えばマンションの敷地であるなどして旧広大地に該当しなかった土地であっても、この地積規模の大きな宅地の評価は、その要件さえ満たすことができれば問題なく適用できます。したがって、土地によっては、2018年からの土地評価額が2017年までよりも減額されるような場合もあります。

▶地積規模の大きな宅地の評価方法（路線価地域）

地積規模の大きな宅地の評価額
＝正面路線価×補正率※1（通常の土地評価）×規模格差補正率※2×地積
※1　奥行価格補正率、側方路線影響加算率、不整形地補正率等
※2　規模格差補正率＝$\dfrac{Ⓐ \times Ⓑ + Ⓒ}{地積規模の大きな宅地の地積（Ⓐ）} \times 0.8$

　上記の算式中の「Ⓑ」及び「Ⓒ」は、地積規模の大きな宅地が所在する地域に応じ、それぞれ次に掲げる表のとおりとします。

イ　三大都市圏に所在する宅地

地積 ＼ 地区区分　記号	普通商業・併用住宅地区、普通住宅地区	
	Ⓑ	Ⓒ
500㎡以上　1,000㎡未満	0.95	25
1,000㎡以上　3,000㎡未満	0.90	75
3,000㎡以上　5,000㎡未満	0.85	225
5,000㎡以上	0.80	475

ロ　三大都市圏以外の地域に所在する宅地

地区区分 地積　　　　　　記号	普通商業・併用住宅地区、普通住宅地区	
	Ⓑ	Ⓒ
1,000㎡以上　3,000㎡未満	0.90	100
3,000㎡以上　5,000㎡未満	0.85	250
5,000㎡以上	0.80	500

③ 評価単位を大きくすると地積規模の大きな宅地に該当

　地積規模の大きな宅地に該当するためには、三大都市圏の市街化区域であれば500㎡以上の地積が必要であると述べました。この地積は、あくまで相続税の評価上500㎡以上なのかどうかを指しており、要は評価単位の地積のことです。

　したがって、この評価に該当するか否かの地積の判定は、相続人が土地を分けて相続するより共有で相続した方が良い場合もあります。

　例えば800㎡の一団の土地があった場合で相続人が2人のケースを考えます。この土地を2人で共有相続した場合には評価単位は800㎡の土地のままですから、他の要件を満たせば地積規模の大きな宅地の評価が適用できます。

　しかし、土地を分割して相続人が400㎡ずつ単独で取得した場合には評価単位は400㎡の土地2つとなりますので、適用できません。

　このような場合には、土地を分割して相続するのではなく、まずは共有で相続をした後で共有物分割を行って土地を分けるといいでしょう。そうすれば、地積規模の大きな宅地の評価を適用して相続税を軽減するとともに、最終的には相続人ごとに土地を分割取得することができます。

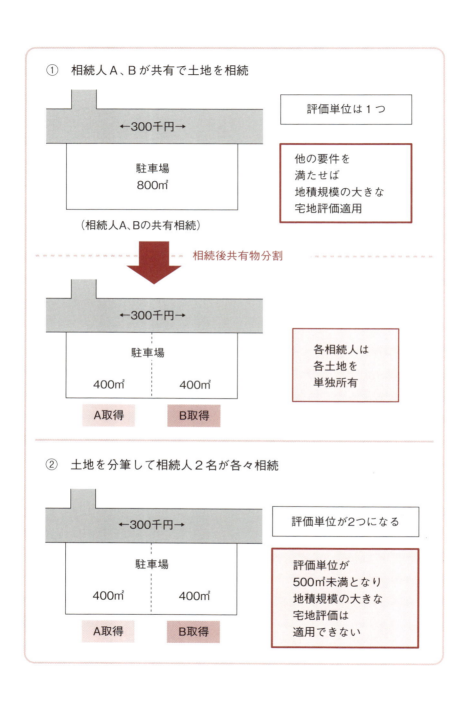

▶「地積規模の大きな宅地の評価」判定のためのフローチャート

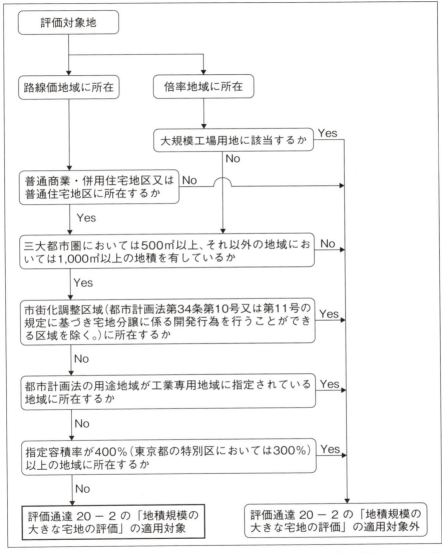

(出典:国税庁ホームページ)

9 自宅の敷地は評価減の 特例がある（特定居住用宅地等）

① 特定居住用宅地等は330㎡まで評価額が80%引き

　事業や居住のために利用されている土地等（土地および借地権）を相続や遺贈で取得した場合には、一定の要件のもと土地等の評価額を減額できる特例があります。この特例のことを「小規模宅地等の特例」といいます。この特例を利用することで利用状況により減額割合に違いがありますが、一定面積までの評価額を最大で80%減額することができます。

　この小規模宅地等の特例のうち、一定の居住の用に供されている土地等で減額を受けることができるものを「特定居住用宅地等」といいます。特定居住用宅地等に該当すると、土地面積で330㎡までの部分について評価額を80%引きとすることができます。

　被相続人の居住用宅地等についてこの特例を適用するためには、原則として、相続や遺贈で、配偶者かまたは同居親族が取得することが必要です。なお、配偶者も同居親族のいずれもいない場合は、一定の要件を満たした別居の親族でも適用できる場合があります。

　さらに、この特例は遺産分割がなされていることも要件となります。そのため、申告期限までに遺産分割がなされていない場合にはこの特例が利用できず相続税の負担が増加してしまいます。ただし、申告期限から3年以内に遺産分割がなされれば事後的にこの特例を利用して税負担を減らすことが可能です。

044

▶小規模宅地等の特例の種類

（2015年以降）

相続開始の直前における宅地等の利用区分			要　件	限度面積	減額割合	
被相続人等の事業の用に供されていた宅地等	貸付事業以外の事業用の宅地等		①特定事業用宅地等に該当する宅地等	400㎡	80％	
	貸付事業用の宅地等	一定の法人に貸し付けられ、その法人の事業（貸付事業を除く）用の宅地等	②特定同族会社事業用宅地等に該当する宅地等	400㎡	80％	
		被相続人等の貸付事業用の宅地等	③貸付事業用宅地等に該当する宅地等	200㎡	50％	※
被相続人等の居住の用に供されていた宅地等			④特定居住用宅地等に該当する宅地等	330㎡	80％	※

※　不動産賃貸業を行っている個人が関係する特例は、一般的には③と④になります。

（出典：国税庁タックスアンサーより一部加工）

▶特定居住用宅地等の適用要件（被相続人の居住用宅地等の場合）
（2018年4月1日以降の相続の場合）

土地を取得した人	要　件	
配偶者	要件はありません	
同居親族	相続税の申告期限まで、家屋に継続居住、かつ、土地を継続保有する必要あり	
同居していない親族（通称、家なき子の特例）	次の①〜⑤の全ての要件を満たしたうえで、相続税の申告期限まで、土地を継続保有する必要あり	要件　①日本居住または日本国籍保有者（制限納税義務者で日本国籍を有しない者を除く） ②被相続人には配偶者がいない ③被相続人には一定の同居親族がいない ④相続開始前3年以内に日本国内にある自らまたは配偶者、3親等内の親族、一定の法人（持分の定めのないものを含む）が所有する家屋に居住したことがない人が取得 ⑤相続開始時に居住している家屋を過去に所有していたことがない

045

> **特定居住用宅地等の計算例**
>
> １．自宅敷地　300㎡　路線価30万円／㎡
> ①減額される金額
> 　300㎡≦330㎡　∴300㎡×30万円×80％＝72,000,000円
> ②相続税の課税対象
> 　300㎡×30万円－72,000,000円＝<u>18,000,000円</u>
>
> ２．自宅敷地　400㎡　路線価20万円／㎡
> ①減額される金額
> 　400㎡＞330㎡　∴330㎡×20万円×80％＝52,800,000円
> ②相続税の課税対象
> 　400㎡×20万円－52,800,000円＝<u>27,200,000円</u>

② ２世帯住宅の場合

　被相続人と親族が居住するいわゆる２世帯住宅の敷地の用に供されている土地等については、建物の登記の仕方により特例適用に差異が生じます。

　２世帯住宅については、区分所有建物の登記がされているかどうかにより適用範囲が異なります。

　例えば、１階には被相続人が居住しており２階には長男家族が居住している２世帯住宅の敷地200㎡があった場合、特定居住用宅地等の適用範囲は次のようになります（１階と２階の床面積は同じであると仮定）。

- １階と２階を区分して建物登記をした場合……１階の敷地部分100㎡のみ対象
- １棟の建物として登記を

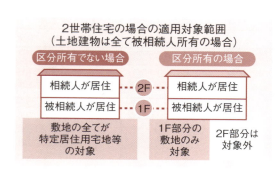

した場合……………… 1 階および 2 階の敷地の全て200㎡が対象

つまり、2 世帯住宅の敷地については、区分所有登記を行わない方が特例適用にあたっては有利になります。

なお、上記の取扱いは、被相続人が土地建物を所有しているケースです。区分所有、かつ、相続人所有建物の場合には、特例の適用が一切できないケースもあります。

③ 老人ホームに入居した場合

特定居住用宅地等は、相続開始の直前において被相続人等の居住の用に供されていた宅地等である必要があります。被相続人が老人ホームへ入居したような場合には原則として居住をしていないことになりますが、次の要件を満たすときは被相続人の特定居住用宅地等として取扱いをして良いことになっています。

●被相続人の居住の用に供さなくなった後に、事業用または被相続人等以外の者（同居親族を除く）の居住の用としていないこと

●要介護認定または要支援認定を受けていた被相続人が有料老人ホーム等に入居または入所していたこと

④ 親と別居の場合の特例（いわゆる家なき子の特例）

被相続人の居住用宅地等について特定居住用宅地等として特例を適用するためには、原則として配偶者か同居親族が相続をする必要があります。ただし、最近は核家族化している状況もあり、被相続人には配偶者および同居親族のどちらもいない場合があります。このようなときは、特例として別居親族が相続しても特定居住用宅地等として特例を適用することができます。この取扱いのことを通称「家なき子」の特例といいます。

この特例は、2018年 3 月31日までの相続においては、別居親族が相続開始前 3 年以内に自らまたは配偶者の所有する家屋に住んでいた場合にのみ適用しないとする取扱いでした。そのため、この特例を利用するためだけ

に、居住する家屋を自らまたは配偶者以外の親族の所有へと変更することや、同族法人に売却して社宅化するなどして、形式的に要件を満たすようなケースが多く生じていました。

　そこで、2018年4月1日以後の相続では、適用除外の内容が拡大されることになりました。具体的には、相続開始前3年以内に居住していた家屋として、自らまたは配偶者に追加して、3親等内の親族および親族と特別の関係のある一定の法人（一般社団法人、一般財団法人を含む）が所有する家屋に居住していた場合には適用除外とされました。また、相続開始前3年という内容が形式的にならないように、過去に所有していた家屋に居住している場合にも適用除外とされています。

　このように適用要件が厳格化されていますので、家なき子の特例を利用することを考えている別居親族は新制度の要件をあらためて確認しておく必要があります。

　なお、経過措置として、2018年3月31日において旧要件を満たしている方の場合は、2020年3月31日までの相続については旧要件による適用を認める措置があります。適用を忘れないようにしましょう。

コラム　被相続人と生計を一にする親族の居住用宅地等の特例

P.44では、自宅敷地のうち330㎡までの部分について土地評価額を80％引きにできる特例があることを述べました。そこでは、被相続人の居住用宅地等を前提としましたが、被相続人と生計を一にする親族の居住用宅地等についても、一定の要件のもとこの特例の対象にすることができます。なお、生計を一にする親族とは、同一の家屋に起居している場合のほか、同一の家屋に起居していなくても恒常的に生活費、療養費等を負担している関係などがある親族間のことをいいます。

例えば、P.46の②２世帯住宅の場合では、建物が区分所有であると、相続人が居住する２階部分の敷地は被相続人の特定居住用宅地等にはならないため原則として特例対象外です。ところが、もし２階に住む相続人が被相続人と生計を一にする親族であった場合には、生計を一にする親族の特定居住用宅地等として２階部分も特例対象になります（実際に特例を適用するには取得者要件も満たす必要があります）。

ただし、同一の家屋に起居していないケースでは、生計を一にする親族に該当するかどうかの判断が難しいことが少なくありません。その場合には、税務署と見解が相違して認められないことも多々あります。この特例を利用するのであれば、生計を一にしていたことをしっかりと説明できるようにしておきましょう。

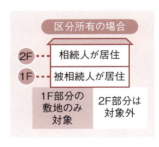

10 賃貸住宅の敷地は評価減の特例がある（貸付事業用宅地等）

① 貸付事業用宅地等は200㎡まで評価額が50％引き

　小規模宅地等の特例のうち、一定の貸付事業の用に供されている土地等で減額を受けることができるものを「貸付事業用宅地等」といいます。貸付事業用宅地等に該当すると、土地面積で200㎡までの部分についてその評価額を50％引きとすることができます。

　被相続人の賃貸事業用の土地等を貸付事業用宅地等として減額させるためには、相続または遺贈により取得する親族が被相続人の貸付事業を相続税の申告期限までに引き継ぎ、かつ、その申告期限までその貸付事業を行っている必要があります。

　この特例は、貸付事業に係る土地等が対象であることから、貸地や駐車場用地、賃貸建物の敷地など、不動産賃貸業に関する様々な土地が特例対象になります。そのため、特定居住用宅地等の次に利用頻度の高い制度であるといえます。

　なお、特例の利用にあたっては遺産分割がなされている土地等であることが要件となっています。

▶貸付事業用宅地等の適用要件（被相続人の貸付事業用宅地の場合）

特例の適用要件	
事業承継要件	被相続人の貸付事業を相続税の申告期限までに引き継ぎ、かつ、その申告期限までその貸付事業を行っていること。
保有継続要件	土地等を相続税の申告期限まで保有していること。

② 相続開始前３年以内に貸付事業の用に供された宅地等の適用除外

　上記①の要件に追加して、2018年４月１日以後の相続では、特例の対象となる貸付事業用宅地等の範囲が従前に比べて縮小される内容となってい

050

ます。具体的には、相続開始前3年以内に新たに貸付事業の用に供された宅地等（以後、「3年以内貸付宅地等」という）が適用対象から除外されることになりました。

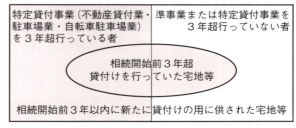

▶2018年4月1日以後の貸付事業用宅地等のイメージ図（色塗り部分が適用対象）

ただし、特定貸付事業（イメージ的には事業的規模による貸付事業）を、3年を超えて行っていた人は、従前どおり全ての貸付事業用宅地等を適用対象とすることができます。

※特定貸付事業とは、貸付事業のうち準事業以外のものをいいます（準事業とは、事業と称するに至らない不動産の貸付けその他これに類する行為で相当の対価を得て継続的に行うもの）。

このように、今後は事業的規模による貸付事業を行っていたのかどうかにより対象となる宅地等の範囲が異なってきますので注意が必要です。

なお、経過措置として、2018年3月31日までに貸付事業の用に供された宅地等については、従前どおり全て適用対象となります。

③ 地価が高いところにあるほど効果が高い

小規模宅地等の特例は一定面積までの土地等について適用されます。

特定居住用宅地等であれば330㎡まで、貸付事業用宅地等であれば200㎡までが対象です。各特例ごとに定められた減額割合は一定ですから、減額できる金額は土地の平米単価が高い方が多くなります。したがって、対象となる土地等が複数ある場合には、単価が高い土地から優

▶貸付事業用宅地等の計算例

特定居住用宅地等 330㎡まで ／ 貸付事業用宅地等 200㎡まで

051

先して適用することがポイントです。

> **貸付事業用宅地等の計算例**
> 1．賃貸建物敷地　200㎡　路線価30万円／㎡
>   減額される金額
>   200㎡≦200㎡　∴200㎡×30万円×50％＝30,000,000円
> 2．賃貸建物敷地　200㎡　路線価50万円／㎡
>   減額される金額
>   200㎡≦200㎡　∴200㎡×50万円×50％＝50,000,000円
>
> 土地面積が同じでも、単価が高い場所にあるほど、減額効果が高い

④ 賃貸併用住宅の場合の考え方

賃貸併用住宅の場合は、特定居住用宅地等に該当する部分と貸付事業用宅地等に該当する部分のそれぞれがあるため、2つの特例を併用することができます。

例えば、1階は自宅として利用し、2階は賃貸アパートとして利用している賃貸併用住宅の敷地200㎡についての特例利用は次のようになります（1階と2階の床面積は同じであると仮定）。

●特定居住用宅地等…1階の敷地部分100㎡は80％評価減
●貸付事業用宅地等…2階の敷地部分100㎡は50％評価減

つまり、建物の利用状況が複数ある場合には敷地面積を建物床面積で按分して考え、それぞれの利用に応じた小規模宅地等の特例を利用することができるということです。

なお、小規模宅地等の特例はそれぞれ適用可能地積に上限があります。貸付事業用宅地等であれば前述のとおり200㎡まで適用でき、200㎡を超えた部分は適用できま

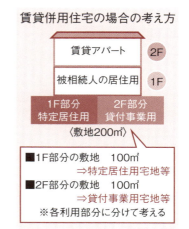

賃貸併用住宅の場合の考え方

■1F部分の敷地　100㎡
　⇒特定居住用宅地等
■2F部分の敷地　100㎡
　⇒貸付事業用宅地等
※各利用部分に分けて考える

せん。それでは、特定居住用宅地等と貸付事業用宅地等の2つの特例を利用する場合の限度面積はどのようになるのでしょうか。この場合、限度面積は330㎡＋200㎡というような単純合計にはならず、次の算式によって適用限度面積を計算します。

▶特定居住用宅地等と貸付事業用宅地等の両方を適用する場合の限度面積の計算

限度面積の計算式

$$A \times \frac{200}{330} + B \leqq 200㎡$$
を満たす必要がある
（A……特定居住用宅地等として選択した土地面積
　B……貸付事業用宅地等として選択した土地面積）

（特定事業用宅地等と貸付事業用宅地等の両方を適用する場合は計算式が異なる）

⑤ 不動産小口化運用商品への投資も適用対象

　不動産特定共同事業法に基づき不動産の小口投資が行える商品があります。この不動産投資は、任意組合に基づいて複数の人と賃貸不動産を共有する内容のものです。賃貸不動産の共有ですから、この不動産の小口投資でも持分相当の土地等について貸付事業用宅地等の特例を利用することが可能です。これらの投資商品は都心の地価が高い物件を保有していますので、平米単価の高い土地に対して貸付事業用宅地等を有効に適用することができます。

⑥ 特定事業用宅地等に係る小規模宅地特例の改正と個人事業者の事業承継税制の創設

　2019年度税制改正大綱によれば、P.45の表に記載する「①特定事業用宅地等」の適用要件が厳格化される予定です。

　具体的には、貸付事業用宅地等の要件に追加された前述②と同じように、相続前3年以内に事業の用に供された宅地等については、原則として対象から除外されます。ただし、その宅地等の上に宅地等の相続時の価額の15％以上の減価償却資産が存在するときは適用除外にはなりません。

　また、この特定事業用宅地等の特例に代えて、新たに事業用の土地、建物、その他一定の減価償却資産を対象として課税価格の100％に対応する相続税を納税猶予することができる制度が創設される予定です。

　この新たな制度は、2019年1月1日〜2028年12月31日までの10年間を対象とする時限措置的なものとなります。どちらの制度を利用するかは選択となりますので、今後の事業用宅地等の承継は2つの制度のメリット・デメリットの違いをシミュレーションしたうえで適用することになるでしょう。

11 住宅用地に対する固定資産税等の軽減措置

① 住宅用地は固定資産税等が軽減される

　前述の**5**でも簡単に説明しましたが、住宅用地として利用されている土地は、固定資産税および都市計画税の負担が軽減される特例があり、これを「住宅用地の特例措置」といいます。あくまで住宅用地に対する特例ですから、店舗・事務所・工場・倉庫などの敷地や、駐車場用地、資材置場、空地などは対象外です。

　土地の固定資産税および都市計画税は次ページの図表のように計算されており、住宅用地の特例はこの課税標準額を減額することで税負担を軽減します。

　住宅用地に該当することで、土地の課税標準額は小規模住宅用地の場合は固定資産税が6分の1、都市計画税は3分の1になります。また、一般住宅用地の場合は固定資産税が3分の1、都市計画税が3分の2になります。

　このように、小規模住宅用地に該当すれば最大6分の1の軽減割合を利用することが可能となります。

　そこで、軽減割合が高い小規模住宅用地の範囲が重要となりますが、小規模住宅用地とは図表に記載のとおり、住宅1戸当たり200㎡までの範囲内の土地をいいます。ポイントは住宅1戸当たりという部分です。そのため、アパートなど1棟に複数戸数がある建物であれば、通常はその敷地の全てが小規模住宅用地に該当します。

　このように、賃貸建物の敷地は固定資産税等の取扱いにおいて優遇されているのです。

▶土地の固定資産税・都市計画税の計算方法

土地の課税標準額※（価格×$\frac{1}{6}$ など）×税率＝固定資産税・都市計画税
※課税標準額とは、課税台帳に登録された土地の価格を基にして、住宅用地に対する特例措置や負担調整措置などを適用することにより算出されます。

〈住宅用地の課税標準の特例措置〉

区　分		固定資産税の課税標準	都市計画税の課税標準
小規模住宅用地	住宅用地で住宅1戸につき200㎡までの部分	価格×$\frac{1}{6}$	価格×$\frac{1}{3}$
一般住宅用地	小規模住宅用地以外の住宅用地（家屋の総床面積の10倍まで）	価格×$\frac{1}{3}$	価格×$\frac{2}{3}$

（出典：東京都主税局）

▶小規模住宅用地の範囲

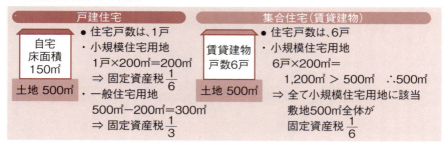

② 固定資産税の判定は1月1日現在の状況による

　土地に限りませんが、固定資産税は毎年1月1日現在の状況に基づいて課税が行われます。そのため、1月1日後に所有者の変動などがあったとしても固定資産税を納税するのはあくまで1月1日現在の所有者です。また、建物が年の中途に新築された場合には、その年の固定資産税は課税されず、翌年から納めることになります。固定資産税の課税に月割りの考え方はありません。

　住宅用地の特例も1月1日現在の状況によって判定されます。そのた

め、1月1日に賃貸建物が建築中である土地は、原則として更地扱いとなり住宅用地の特例の対象外となります。

しかし、一定の住宅建替え中の土地に該当する場合には、住宅用地として取り扱っても良いとする制度があります。適用範囲は自治体によってその内容が異なるようですが、東京都の場合には以下のようになっています。

賃貸建物の建築にはある程度の期間が必要となります。この制度を利用することで建物建築中であっても住宅用地の特例が利用できる場合があるのです。

▶建替え中の土地でも住宅用地の特例が利用できる

1月1日現在、住宅建替え中または建替え予定の土地には住宅用地の特例は原則適用されません。
ただし、次の①～④の全ての要件に該当する場合には、住宅用地の特例を継続適用できます。

①　前年の1月1日において住宅用地であったこと。
②　本年の1月1日において、住宅の新築工事に着手していること。
　　または、建築確認申請書を提出しており、3月末日までに工事に着手していること。
③　住宅の建替えが、建替え前の住宅の敷地と同一の敷地において行われていること。
④　住宅の建替えが、建替え前の住宅の所有者と同一の者により行われていること。

(東京都23区内の取扱い)

③ 住宅用地と駐車場などの固定資産税等の負担差異

上述のとおり、住宅用地に該当することで固定資産税・都市計画税の負担は軽減されます。

それでは、未利用地や駐車場として利用されている土地を有効活用して、賃貸建物を建築した場合には固定資産税・都市計画税はどれだけ軽減されるのでしょうか。

057

土地の広さなどによっても結果は異なりますが、固定資産税・都市計画税の納税額はおおよそ３分の１から４分の１に軽減される結果となります。

　小規模住宅用地に対する固定資産税の軽減割合は確かに６分の１となっていますが、税金計算の基となる課税標準には負担調整措置などの他の特例も影響を及ぼすことから、実際には納税額が６分の１までにはなりません。

▶住宅用地に該当すると固定資産税・都市計画税の負担が $\frac{1}{3}$ 〜 $\frac{1}{4}$ になる

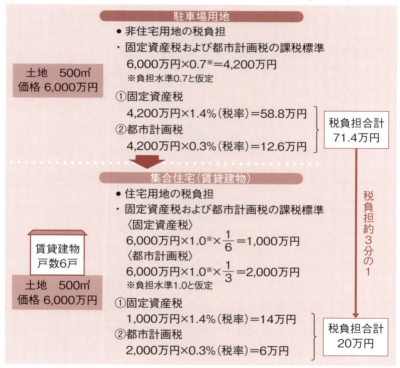

12 新築住宅に対する固定資産税等の軽減措置

① 新築住宅は固定資産税が軽減される

　新築住宅について固定資産税が軽減される特例があります。住宅に対する特例ですので、店舗・事務所・工場・倉庫などの用に供されている建物は対象外です。

　具体的には、2020年3月31日までに新築された住宅が一定の床面積要件（下記の図表参照）を満たす場合には、新たに課税される年度から3年度分（3階建以上の耐火・準耐火建築物は5年度分）に限って、その住宅に係る固定資産税額の2分の1が減額されます。なお、減額される税額は、居住部分で1戸当たりの床面積120㎡までが限度となりますので、床面積120㎡以下の住宅であれば全てが減額対象になります。また、認定長期優良住宅であると、5年度分（3階建以上の耐火・準耐火建築物は7年度分）の固定資産税額の2分の1が減額されます。

▶新築住宅の固定資産税の減額対象
〈床面積の要件〉

1戸建住宅	住宅に店舗などが含まれている併用住宅	アパートなどの共同住宅		マンションなどの区分所有の住宅	
床面積	居住部分の床面積（居住部分の床面積が全体の$\frac{1}{2}$以上であること）	独立的に区画された居住部分ごとの床面積に、廊下や階段などの共用部分の面積を按分し、加えた床面積		専有部分のうち居住部分の床面積に、廊下や階段などの共用部分の床面積を按分し、加えた床面積（専有部分のうち居住部分が、その専有部分の$\frac{1}{2}$以上であること）	
			貸家の場合		貸家の場合
50㎡以上280㎡以下	50㎡以上280㎡以下	50㎡以上280㎡以下	40㎡以上280㎡以下	50㎡以上280㎡以下	40㎡以上280㎡以下

（出典：東京都主税局）

この新築住宅の特例は１戸ずつ要件を満たすか否かを検討することになります。そのため、アパートのように１棟に複数戸数がある場合には、建物全体で判断をするのではなく、１戸ずつ特例の要件を満たす床面積であるかどうかを確認したうえで、要件を満たす部屋のみが減額されることになります。

② ワンルームマンションは減額対象外になる可能性が高い

　床面積要件は上記①の図表のとおりであり、１戸当たりの床面積が50㎡以上280㎡以下の建物が減額対象です。ただし、賃貸建物（貸家）である場合には、下限の床面積が緩和されており、40㎡以上あれば対象になります。

　例えば、２階建ての床面積150㎡の自宅の場合には、50㎡以上280㎡以下という床面積要件を満たす建物であるため、この建物のうち床面積120㎡までの部分について固定資産税が２分の１になるという具合です。

　このように、１戸当たりの床面積が特に広い建物でない限り、住宅用建物であれば通常は床面積要件を満たすはずです。ただし、賃貸建物の場合には注意を要することがあります。それは、ワンルームマンションなどの１戸当たりの床面積が狭い場合です。

　賃貸建物の場合、床面積要件の下限が40㎡と通常の場合に比べて緩和されてはいますが、それでもワンルームマンションなどの場合にはこの基準を満たさない場合がほとんどです。床面積判定は、廊下などの共有部分の床面積を各部屋に按分して加算することになってはいるのですが、広めの間取りとしない限りワンルームマンションの１戸当たり床面積は30㎡台後半が多いようです。

　どのような間取りの賃貸建物を建築するかは、土地のロケーションや賃貸事情を踏まえて決定することになりますが、ワンルームマンションの場合には新築住宅の固定資産税の減額は利用できないと思ってください。ある程度広めの間取りの建物を建築するのか、それとも、収益性を重視して

1戸当たりは狭い間取りの建物を建築するのか、その後の賃貸住宅市況も踏まえながら建築会社とともに様々な意見交換を行って決定することが大切です。

▶1戸当たり床面積が狭い賃貸建物は、新築住宅の固定資産税の減額対象外

■賃貸建物は、1戸当たり40㎡以上280㎡以下のものが対象

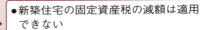

⇒ ワンルームマンションや1Kの間取りの場合には、床面積要件を満たさない建物がほとんどである（大半は40㎡未満）

- 新築住宅の固定資産税の減額は適用できない
- 不動産取得税の軽減も適用できない

③ 新築住宅は不動産取得税も軽減される

賃貸建物の新築は不動産の取得に該当することから、不動産取得税が課税されます。

不動産取得税は、建物の固定資産税評価額に住宅用であれば3％を乗じた金額です。

● 不動産取得税＝建物の固定資産税評価額×3％（住宅用の場合）

この不動産取得税についても、固定資産税と同じように新築住宅の軽減制度が設けられています。一定の床面積要件（次ページの図表参照）を満たす場合には、家屋の固定資産税評価額から1戸当たり1,200万円（認定長期優良住宅は1,300万円）を控除したうえで不動産取得税を計算することができます。

賃貸建物の場合、通常は1戸当たりの固定資産税評価額は1,200万円以下となる場合が多いため、この特例を利用することで不動産取得税が実質的に課税されないという非常に使い勝手の良い制度です。

この特例も貸家については床面積要件が緩和されてはいますが、1戸当たり40㎡以上である必要

061

があります。そのため、新築住宅についての固定資産税の特例と同様にワンルームマンションの場合には利用ができないことになるでしょう。

▶**新築住宅における不動産取得税の軽減**
〈床面積の要件〉

	床面積下限		床面積上限
	1戸建	1戸建以外の住宅	
貸家以外	50㎡以上	50㎡以上	240㎡以下
貸家	50㎡以上	40㎡以上	240㎡以下

※1戸建以外の住宅とは、マンション等の区分所有住宅、またはアパート等構造上独立した区画を有する住宅のことをいいます。
　なお、床面積要件の判定は、独立した区画ごとに行います。
※マンション等は共用部分の床面積を専有部分の床面積割合により按分した床面積も含まれます。

■**上記要件に該当すると、不動産取得税の計算において1,200万円（もしくは1,300万円）の控除を受けられる。**

不動産取得税＝
（1戸当たり固定資産税評価額－控除額1,200万円（もしくは1,300万円））×3％

④　タワーマンションは特別な固定資産税等の計算がある

　居住用の超高層建築物、いわゆるタワーマンションについては、高層階になるほど取引価格が高くなる傾向があります。しかし、固定資産税等の税額は、床面積が同じであれば高層階・低層階ともに同額となっており、階層間の不公平感が生じていました。

　そこで、2018年度から新たに固定資産税等が課税される新築タワーマンションについては、高層階は増税、低層階は減税することで階層別の調整を行うことになりました（建物1棟全体の固定資産税等の税額は変更しません）。

●対象となる建物…高さが60mを超える超高層建築物（おおむね20階以上）のうち、居住用部分

●適用される建物…2018年度から新たに課税されるもの（2017年4月1日以降取得のもの）、既存建物は対象外

●階層別の調整内容…1階を100とし、階が1階増すごとに10/39を加算した負担、したがって40階は1階の固定資産税等の負担の1.1倍

13 建物を建築すると消費税が還付される可能性がある

① 消費税の課税の仕組み

　消費税は、事業者が国内において行う取引のうち一定のものについて課税されることになっています。一定のものですから、全ての取引が消費税の対象になるわけではありません。不動産賃貸業でいえば、事務所・店舗賃料などのテナント賃料は消費税の課税対象（課税売上）となりますが、住宅貸付に係る賃料は非課税です。

　したがって、住宅用の賃貸建物の場合であれば消費税の課税対象となるものは通常発生しません。ただし、駐車場収入は原則として消費税の課税対象であるため、住宅用の賃貸建物だけを所有している場合においても、駐車場収入がある場合には消費税の課税対象取引が発生することになります。

　そして、この消費税の課税対象取引の2年前における年間売上合計額が1,000万円を超える場合には、消費税の「課税事業者」に該当することになっています。本年ではなく2年前の合計額ですので、個人事業者であれば前々年の1月1日から12月31日まで、法人であれば前々事業年度の課税対象売上の合計額で判定します。ちなみに、この判定する2年前の期間を「基準期間」といいます。

　課税事業者に該当した場合には、消費税を納める義務が生じますので消費税の申告を行う必要があります。消費税は最終消費者が負担すべき税金ですので、事業者としての消費税はあくまで預り金、預け金的なものです。

　そのため、売上に係る消費税から仕入れに係る消費税を差し引き、差額がプラスであれば預り消費税があるとして納税となります。逆に差額がマイナスであれば消費税の還付がなされます。

▶不動産賃貸業における消費税の概要（原則課税）

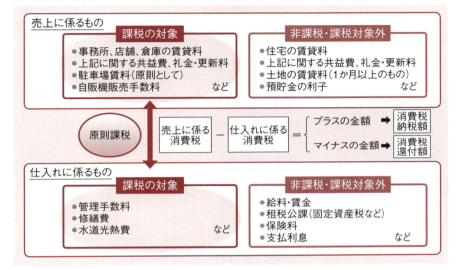

② 簡易課税は還付ができない

　上述のとおり、売上に係る消費税から仕入れに係る消費税を差し引いて納税額を計算する方法を原則課税といいます。これに対し、基準期間の課税対象の売上の合計額が5,000万円以下の事業者は、簡易課税という方式で納税額を計算しても良いことになっています。なお、簡易課税で申告するためには、税務署に届出をしておく必要があります。

　簡易課税は、仕入れに係る消費税を実額計算するのではなく、課税対象の売上高に一定の割合（みなし仕入率）を乗じた金額を仕入れに係る消費税とみなして計算します。

　不動産賃貸業の場合、消費税の課税対象となる仕入れはあまり多くありません。租税公課などの固定資産税の支払いや減価償却費、支払利息などの費用項目は課税対象ではないからです。課税対象は管理費や修繕費ぐらいです。

　そのため、不動産賃貸業の場合には、一般的にはみなし仕入率を用いた簡易課税方式で計算した方が納税額が少なくなり、有利になります。な

065

お、不動産賃貸業に係るみなし仕入率は課税売上の40％となっています。

▶不動産賃貸業における消費税の概要（簡易課税）

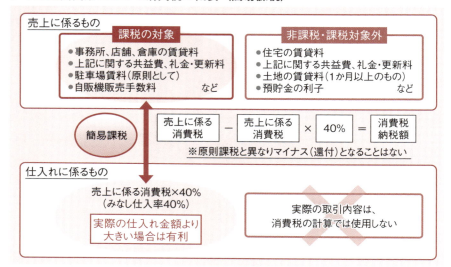

③ 不動産賃貸業における消費税の概要

　不動産賃貸業における消費税の主な取扱いをまとめると、次のようになります。

●課税の対象（課税売上）
　・事務所、店舗などの居住用以外の賃貸料、共益費、礼金、更新料
　・駐車場収入（非課税に該当しないもの）、自販機手数料

●課税の対象でないもの（非課税）
　・貸家、アパート、マンションなどの住宅の賃貸料、共益費、礼金、更新料
　・住戸1戸当たり1台以上の割り当てがなされ

ている入居者用駐車場に係る収入

　上記のとおり、賃貸建物に付随する駐車場利用料の取扱いはその内容により異なります。実務的には、駐車場が1戸につき1台以上確保されていないケースの方が多いでしょうから、駐車場収入は通常は課税対象となります。

▶住宅家賃や共益費などとして収受する場合の消費税の取扱い

「賃料」または「共益費」の内容		契約書上の表示例	課非区分
住宅貸付料		「賃料」	非課税
共用部分の管理料		「賃料には共用部分管理料を含む。」	非課税
駐車場料	車所有の有無にかかわらず1戸につき1台以上の駐車場が付属する場合	「駐車場利用料を含む。」賃貸借物件に「駐車場」を記載。特に記載なし。	非課税
	上記以外の場合	「駐車場利用料を含む。」賃貸借物件に「駐車場」を記載。特に記載なし。	駐車場料金を合理的に区分し課税
電気・ガス・水道利用料（各戸に対し電気・ガス・水道の供給サービスを行っているマンションの場合（各戸の使用実績はとらない。））		「（電気等）利用料を含む。」特に記載なし。	非課税

（出典：国税庁ホームページ質疑応答事例より一部抜粋）

　また、上記以外で注意すべき点としては次のことが挙げられます。

　アパートなどでは共用部分の管理料として共益費を収受する場合があります。共益費は家賃に含めて収受しても別建てで収受しても消費税の取扱いは変わりません。ところが、水道光熱費などの利用料については取扱いが異なります。水道光熱費の利用料を月額いくらと定めて収受している場合、それが住居用の家賃に含むものであれば非課税となりますが、別建てで収受する場合には課税の対象となります。

　例えば、家賃11万円（水道料含む）とすれば非課税となりますが、家賃10.5万円＋水道料5,000円と記載すると5,000円部分は消費税の課税対象となります。つまり、記載方法によって年間の課税対象の売上の合計額が変わってきます。

067

▶家賃とは別の名目で収受する場合の消費税の取扱い

請求名目	請求名目の内容	課非区分
駐車場利用料	車所有の有無にかかわらず1戸につき1台分以上の駐車場が付属する場合	課税
	入居者の選択により賃借する場合	
給湯施設利用料（各戸の台所・浴室・洗面所の給湯利用料）	各戸の使用実績を請求する場合	課税
	一定額を請求する場合	
電気・ガス・水道使用料	各戸の使用実績を請求する場合	課税
	一定額を請求する場合	

（出典：国税庁ホームページ質疑応答事例より一部抜粋）

④ 設備投資と消費税還付の仕組み

　消費税の計算方法には原則課税と簡易課税があると説明しました。

　不動産賃貸業の場合、通常年度であれば簡易課税を選択した方が消費税の納税額が減少し有利になることが多いです。しかし、不動産賃貸業でも原則課税を選択した方が良い場合があります。

　それは、新たに建物を建築する場合や大規模修繕を行う場合などの多額の設備投資を行う場合です。多額の設備投資を行った場合、消費税の課税対象となる仕入れ金額が増加しますので、売上に係る消費税から差し引くことができる金額が増えます。そのため、計算結果がマイナスとなれば

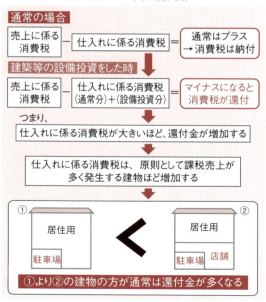

▶消費税還付の仕組み（原則課税）

消費税の還付が受けられるのです。

　このように、建物の建築や中古建物の購入、大規模修繕など、多額の設備投資や資産の購入が行われる場合には、原則課税で計算することで消費税の還付を受けられる可能性があります。

　なお、詳細な説明は割愛しますが、建築する建物が住宅系か店舗などのテナント系なのかにより、消費税還付の仕組みや還付される金額が大きく異なりますので、事前のシミュレーションがとても大切です。

⑤ 消費税に関する届出書の活用

　消費税の還付は、あくまで原則課税方式で計算をする場合に限って受けられます。

　そのため、簡易課税を選択している場合には還付を受けられません。

　また、そもそも消費税を納める義務がない免税事業者は消費税の申告書を提出しませんので、還付申告も当然できません。

　このような場合には、次のような届出書をあらかじめ提出しておき、原則課税で計算する事業者を選択し、還付を受けられるようにしておく必要があります。

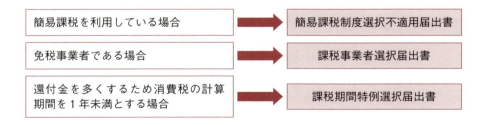

⑥ 消費税の還付は建築計画立案の時点から考える

消費税の還付を受けるためには原則課税で計算する必要があるため、あらかじめ届出書を提出しなければならない場合があると述べました。消費税ではこの届出書の提出とその時期がとても大切です。

消費税の申告は、取引で生じた消費税を精算することにあります。そのため、事業者は取引が生じる前において、あらかじめ消費税の計算方式を決めておくことが前提になります。

そのため、消費税に係る届出書は、原則、その年度（課税期間）が始まる前までに提出をしなければなりません。したがって、設備投資が行われる予定がある場合には、設備投資が行われる前年中または前事業年度中に届出書の提出が必要か否かを見定めて対応しなければなりません。

また、簡易課税を選択して申告をする場合には、最低2年間は簡易課税による申告を継続しなければならないという取扱いがあります。1年後に設備投資の予定があるにも関わらず、今年から簡易課税を選択してしまった場合には、設備投資年に原則課税で申告・還付を受けることはできなくなります。

このように、消費税の申告、還付というものは今後の事業計画を踏まえたうえで、あらかじめ手はずを整えておくことが大切であり、それが還付金を増やすためのポイントとなるでしょう。

●消費税還付のポイント●

・建築工事の着工前、できれば建築計画立案の時から、消費税還付を見据えて、対応をしておくことが大事
・最近は税制改正の影響もあり、還付計画の検討が今までより複雑となってきている

コラム　今後消費税は10%へ、還付金も増加

　消費税は国税と地方税を合わせて８％が課税されています。これが2019年10月１日からは、国税と地方税を合わせて10％の課税となります。負担が増すことに違いはないですが、不動産賃貸業を行っている事業者の立場からすれば、設備投資時の消費税還付がより重要な項目となります。消費税率が上がるということは、いままでよりも還付金が大きくなるということです。消費税の還付を見据えた計画立案を行ったか否かにより、その後の賃貸事業の資金フローへ大きな影響を及ぼすことになるでしょう。

14 資産の色分けと組換え

　土地を有効活用した時の税務について述べてきましたが、いくつかの場所に土地を所有しているときには、どの土地で何を行っていくのかを考えなくてはなりません。つまり、所有資産の整理をする必要があります。

① 所有する土地の色分け

　相続にあたっては財産の色分けをしておくことが大事です。土地は相続財産の約半分を占める最も大きい財産であり、また現金のように簡単に分けることができない財産です。そのため、所有する土地の色分けをして状況を整理しておくことが大切です。

　土地を大きく分ければ、所有を継続していく残すべき土地と、処分をしても良い土地の2つに分けることができます。

　残すべき土地とは、自宅の敷地やすでに事業に利用している土地などが挙げられます。賃貸建物の敷地として利用しており安定的に収益を生んでいるような土地や、今後有効活用することが可能な土地も該当するでしょう。

　処分をしても良い土地とは、納税用として考えている土地や、手放しても良い土地などが挙げられます。納税・売却用としては駐車場として利用しているような土地、貸地など収益性の低い土地が該当するでしょう。特に貸地は、借地権という強固な権利が付いていることもあり、自ら有効活用することは難しく、また売却を考えたとしても低額となってしまうことや売却まで長期間を要する可能性があります。そのため、早期に対策を練っておく必要があります。

　土地の整理・色分けは、全ての土地を横一線に考えるのではなく、次の世代への優良資産の引継ぎを念頭に置いて行います。

▶所有土地の色分けイメージ

残すべき土地
居住や事業用として 引き継ぐべき土地
有効活用している土地
有効活用できる土地

など

処分をしても良い土地
納税売却用の土地 物納用の土地
権利関係が絡み 処分しづらい土地
収益性が悪く 活用もできない土地

など

資産内容の把握、組換え、対策などによりこの色分け区分の見直しも行われる。

② 土地の色分けは状況によっては変化する

　土地の色分けは不変ではありません。状況を把握し整理することに意義があり、決して固定化するものではありません。資産の組換えや対策により、処分をしても良いと思っていた土地が別なものに変わる可能性もあります。

　例えば、一般的に貸地は収益率が低い割に相続税評価額が高く、売却や有効活用、物納もできない流動性の低い財産といわれています。しかし、それは貸地の権利関係が不明確であることが大きな原因かもしれません。旧来からの貸地は、そもそも賃貸借契約書がないことや、あったとしてもその内容が正確ではなく現状と異なり、また、貸地の範囲が不明確なことがほとんどです。そこで、このような場合には、土地の測量や賃貸借契約書の整備を行って権利関係を明確にします。その過程では、過去の更新料の件や地代などの交渉も一緒に行うことができる場合もあります。権利関係が整備されれば貸地は物納することができますので、納税用の土地へと状況は大きく改善します。

　また、借地人から借地権を売りたいとか、底地を購入したいという意向

073

が伝えられることや、借地権と底地を交換したいという要望が出るかもしれません。そして、それに伴って貸地が更地へと変化することもあり、これも資産の組換えのひとつといえるでしょう。

　その他、土地の所有者と借地人が一緒になって事業を行い、マンションやビルへと資産が大きく変わるケースもあります。立地の良い貸地を所有している場合には、等価交換や再開発事業などにより資産の組換えが起こり、魅力ある残すべき資産へと色分けが変化することも大いにあり得ます。

③ 資産の組換えには税務上の特例を活用する

　収益性の低い土地、処分をしても良い土地などを売却し、立地が良く収益性が高い土地や建物へ資産の組換えを行うと、それが等価交換などであっても税務上は旧財産を売却したとして譲渡所得税が課税されることになります。

　ただし、資産の組換えに関しては様々な税務上の特例が用意されており、税負担を軽減させることが可能です。そのため特例を理解して賢く利用することが大切です。

●居住用であれば、3,000万円特別控除、軽減税率、買換えなどの特例
●事業用であれば、事業用資産の買換えなどの特例
●等価交換事業であれば、立体買換えの特例など

▶資産の組換えに関する税務上の主な特例

譲渡の態様	特例の略称	概　　要
居住用財産	3,000万円特別控除の特例	譲渡益から3,000万円を控除
	軽減税率の特例	税率を一部軽減
	居住用財産の買換えの特例	譲渡益を100%繰延べ
	譲渡損失の損益通算および繰越控除の特例	譲渡損失を他の所得と通算可
事業用財産	事業用資産の買換えの特例	譲渡益を80%繰延べ
等価交換事業	立体買換えの特例	譲渡益を100%繰延べ

第 **3** 章

生前贈与を活用する

15 暦年課税贈与と相続時精算課税贈与の違い

① 暦年課税贈与とその利用方法

　暦上における1月1日から12月31日までの1年間に贈与でもらった財産の合計額を集計して、贈与税の計算を行う方法を暦年課税贈与といいます。1人から贈与を受けたのか、それとも複数人から贈与を受けたのかは関係なく、1年間にどれだけ財産の贈与を受けたのかを集計します。その後、その合計額から基礎控除額110万円を差し引いた金額に税率を乗じて税額を算出します。適用される税率は2種類あり、㋑祖父母や父母などの直系尊属から20歳以上（2022年4月1日以後は18歳以上）の子や孫が贈与を受けた場合と、㋺それ以外の場合とで異なり、直系尊属からの贈与は税率が軽減されています（税率は**4**（P.20）を参照）。また、㋑と㋺の両方の贈与がある場合には下記のとおり計算を行います。

贈与税の計算例 直系尊属からと直系尊属以外からの両方の贈与がある場合

〈前提条件〉
・夫からの贈与　100万円
・父からの贈与　400万円
（年間合計500万円の贈与を受けた）

1．夫からの贈与分
⇒贈与合計額を直系尊属以外からの
　贈与税率で計算
　500万円－110万円＝390万円
　390万円×20％－25万円＝53万円
　53万円×100万円／500万円
　　＝10.6万円

2．父からの贈与分
⇒贈与合計額を直系尊属からの贈与
　税率で計算
　500万円－110万円＝390万円
　390万円×15％－10万円＝48.5万円
　48.5万円×400万円／500万円
　　＝38.8万円

3．納付する贈与税額
　10.6万円＋38.8万円＝**49.4万円**

① 各贈与税率を用いて全体計算
② 贈与額割合で按分、各税額を計算
③ ②を合算して納付税額を計算

　この暦年課税贈与は1年ごとに贈与税を精算する方式ですから、税負担

を考慮しながら贈与金額を毎年決めることができます。また、1年あたりの贈与額を少なくして長期間にわたり継続して贈与を行うことができます。そのため、計画的に贈与を行っていくことで多額の財産を少ない税負担で移転させることが可能です。

ただし、相続開始前3年以内に行われた贈与は、相続税の計算上は相続財産に加算しなければならない取扱いがありますので、相続開始直前の贈与は原則として相続税対策にはなりません。暦年課税贈与は、計画的に相続開始前の早い段階から行うことが効果を得るためのポイントです。

なお、相続開始前3年以内の贈与を相続財産に加算する必要があるのは、相続人など相続により財産を取得した方が受けた贈与だけです。孫やひ孫など、相続人でない方への贈与はたとえ相続開始前3年以内であっても加算対象外です。したがって、孫などへの暦年贈与をうまく活用すれば相続直前まで対策を取ることもできます。

▶相続開始前3年以内暦年贈与の加算

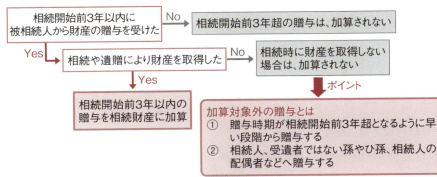

② 相続時精算課税贈与とその利用方法

60歳以上の父母から20歳以上（2022年4月1日以後は18歳以上）の子が贈与を受けた場合には、相続時精算課税贈与という計算方法を選択して贈与税の申告を行うことができます。2015年からは受贈者に20歳以上（2022年4月1日以後は18歳以上）の孫が追加されたので、祖父母からの贈与も

選択できることになりました。

相続時精算課税贈与は、その名のとおり最終的な税の精算は相続時に行う制度です。この制度では、贈与者ごとに2,500万円までの特別控除が認められており、この金額までであれば税負担なしに贈与を行うことができます。そして、相続が発生した際には、いままで行った相続時精算課税贈与財産の全てをその贈与時の価額で相続財産に加算したうえで相続税の計算を行い、納付した贈与税があればその精算を行います。つまり、生前贈与の財産移転を含めた全てを相続税で精算する制度です。注意点としては、この制度を一旦選択した場合には、精算課税制度に係る同一の贈与者からのその後の贈与は全て相続時精算課税贈与の対象になり、暦年課税贈与が一切適用できなくなることです。そのため、精算課税選択後は、贈与による財産切り離しができなくなるという大きなデメリットが生じます。

したがって、相続時精算課税贈与は次のようなケースに適している制度といえます。

●相続財産が基礎控除以下であり、そもそも相続税が課税されない方
●将来値上がりが期待できる財産のため、現時点で贈与を行うメリットが高いもの
●収益不動産のように、収益を得ることができる財産（収益移転が可能なもの）

▶相続時精算課税贈与のイメージ

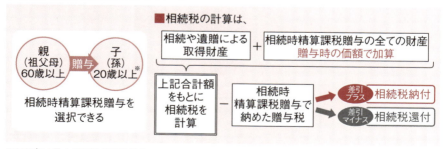

※2022年4月1日以後は18歳以上

③ 遺留分放棄に相続時精算課税贈与を活用する

　贈与は生前に行う遺産分けという側面があります。したがって、上手に利用すれば財産の分割に活用することができます。例えば、遺言を作成しても遺留分の問題を回避することはできません。そこで、相続時精算課税贈与を利用した生前贈与を考えます。相続時精算課税贈与は2,500万円の特別控除があるため、多額の生前贈与を行うことが可能です。多額の生前贈与があれば相続人の同意のもと遺留分放棄を行うことが可能となるでしょう。そうすれば、遺留分の問題を生前に解決したうえで遺言書を作成することができ、問題が生じないスムーズな財産承継が実現できます。

16 収益不動産の贈与

① 不動産収入は建物から生じる

　アパートやマンションなどの賃貸収入は、建物を賃貸することから生じます。敷地である土地があっての建物ですが、収入はあくまで建物から生じるのです。そこで、収益不動産のうち建物のみを子や孫に贈与すれば、その後の賃貸収入を移転させることができ、相続税対策として大きな効果を得ることができます。

　土地と建物の両方を贈与すると贈与財産の評価額が大きくなってしまいます。贈与税の負担を考えるとその実行は難しいとしても、建物のみの贈与であれば実行することは難しくないでしょう（敷地権付区分建物は不可）。

　建物の評価額は今まで述べてきたように固定資産税評価額です。しかも、賃貸建物であれば固定資産税評価額の70%で評価するため、評価額はさらに低くなります。また、土地と建物の両方を贈与しても建物だけを贈与しても、贈与を受けた方が受け取ることができる賃貸収入に差異はありません。表面利回りが10%の不動産であればその10%の収益力も同時に贈与することができ、贈与を受けた方は賃貸収入による蓄財ができます。賃貸建物の贈与は、魅力ある収益財産をお得な評価額で贈与することができるという大きな特徴を有しています。

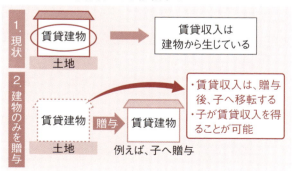

▶建物贈与で賃貸収入を移転する

② 収益建物の贈与は所得税対策にもなる

　土地所有者の場合、一般的に親が大部分の資産を所有しており収入も多額に得ているケースがほとんどです。そのため、所得が親に集中しており所得税の負担が高くなっていることでしょう。所得税は累進課税であることから、1人に所得を集中させると所得税の負担はどうしても高くなってしまいます。そこで、賃貸建物の贈与を行えば収入を受贈者に移転することができ、家族全体の所得税の負担額を減少させることができます。

　所得税・住民税の税率は、課税所得が1,800万円を超えると適用税率が50.84％にまで達します。そこで、適用税率が50.84％の親が、賃貸建物の1つを子に贈与すると、その後の所得税の負担を抑えられます。例えば、子の適用税率が30.42％であれば、それだけで年間20.42％分の税負担を軽減することができるのです（所得税は累進課税のため、厳密には上記のような単純計算で差異を求めることができない場合があります）。

所得税・住民税の税負担軽減イメージ

〈前提条件〉
年間所得500万円の賃貸建物

1．建物贈与者（親）の所得税等
・他の所得もあり、当該建物から生じる賃貸所得に対しては、実質50.84％の所得税等が課税されていると仮定

税負担額　500万円×50.84％＝2,542,000円

2．1の賃貸建物を子に贈与
・子は、賃貸所得に対して、30.42％の所得税等が課税されると仮定

税負担額　500万円×30.42％＝1,521,000円

3．所得税等の負担軽減額
1－2＝1,021,000円

・贈与により所得税等が減少
・税引後収入は子が得る

③ 賃貸している建物を贈与する時の注意点

建物の評価額は固定資産税評価額ですが、賃貸建物を贈与する場合には注意点があります。それは、負担すべき債務を付けたまま贈与すると固定資産税評価額を利用した贈与ができなくなるということです。

この負担すべき債務とは、具体的にはイ敷金・保証金、ロ借入金などが該当します。負担すべき債務がある場合には、単純に建物のみの贈与を受けたのではなく、債務の引継ぎを含めた取引であると考えられるためです。これに該当すると、建物は時価で評価する必要があり、固定資産税評価額で贈与をすることができません。

このような場合には、債務に対応する現金相当額を同時に贈与し、贈与者と受贈者間において実質的な債務の引継ぎはないという形式を取れば良いのです（図表参照）。

借入金が残っているか否かは建物によって異なりますが、敷金・保証金は賃貸建物には必ず存在します。賃貸建物を贈与する時には、敷金・保証金相当の現金も同時に贈与しなければならないと思ってください。

▶負担付贈与にならないよう注意

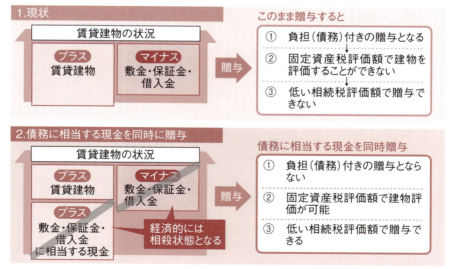

▶贈与に適した不動産

1. **将来値上がりが予想される不動産（将来の含み益を贈与）**
   例）区画整理予定地、都市計画区域変更予定地
2. **収益を生む不動産（将来の収益を贈与）**
   例）賃貸建物

④ 区画整理予定地などの土地の贈与

　将来値上がりが予想される不動産を贈与すれば、値上がり益を移転することができるため効果が高い贈与といえます。しかしながら、不動産相場を予想することは難しく現実的ではありません。ただ、区画整理予定地や都市計画区域の変更予定地などの土地を所有しているのであれば、十中八九値上がりが予想されますので贈与に適した土地といえるでしょう。区画整理により土地が整備されることや、都市計画区域の変更が行われ調整区域から市街化区域に土地が編入されると、土地の価値は上昇します。したがって、このような土地を所有しているのであれば早期に贈与を検討すると良いでしょう。新たな土地の時価が明確になってからの贈与は税負担が増加しますので、早めに情報収集をして贈与しておくことが大事です。

17 収益建物を贈与する時のポイント

① 土地の評価と貸家建付地

　アパートやマンションなどの賃貸建物を贈与することが相続対策として非常に効果的であることを前項目で述べました。ここでは、贈与後の賃貸建物の敷地に係る取扱いと、敷地評価における効果的な対策を説明します。

　親が子へ賃貸建物のみを贈与すると、土地所有者は親、建物所有者は子という関係になります。土地所有者と建物所有者が異なりますが、親族間であることから通常は地代の授受は行わずに無償で土地を利用させる使用貸借形式とするはずです。使用貸借であれば、借地権が生じないため税務上も問題が生じません。

　そうすると、親が所有する土地は使用貸借で利用させている土地となり、この場合には原則として自用地という更地扱いで評価されることになってしまいます。

　賃貸建物の敷地は **6**（P.31）で説明したとおり貸家建付地として評価減ができるのですが、この取扱いは土地所有者と建物所有者が同じ人の場合の取扱いです。建物贈与後は所有者が異なることから原則としてこの取扱いが利用できなくなり、親の土地評価額が増加してしまうのです。

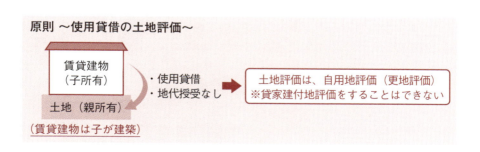

② 賃借人が変わると自用地評価になる

　賃貸建物のみを贈与すると貸家建付地評価ができなくなるのが原則ですが、これには例外があります。それは、贈与後も賃借人に変動がない場合は、賃借人の権利が贈与前と変化していないと考えられるため、変動がない部分に限って従前どおり貸家建付地を認めるという取扱いです。

　例えば、部屋が10戸ある賃貸建物を贈与した場合で、贈与後に3戸の部屋で入退去があり賃借人が変わると、貸家建付地として評価できる範囲は土地の10分の7までとなります。そして、もし、全ての部屋で賃借人の入れ替わりが生じると土地は全て自用地評価となってしまいます。

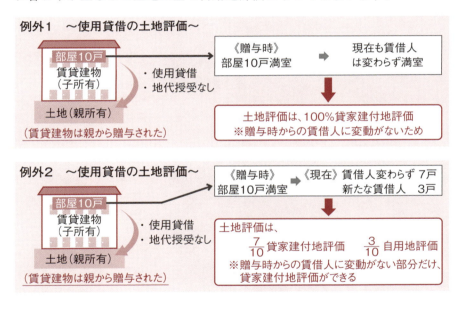

③ 一括借上方式の活用

　上記の例外的な取扱いをうまく利用すれば、貸家建付地評価を維持しつつ親の土地評価額をまったく増加させないで、建物のみを贈与することができます。

　それは、一括借上方式、いわゆるサブリース方式を活用することで実現

が可能です。建物贈与前に、一括借上方式を利用して管理会社などに建物を賃貸すれば、建物所有者から見た賃借人はあくまで管理会社になり、契約解除をしない限りは賃借人の変動が生じません。これにより、賃借人の変動に伴う土地評価額増加というリスクを排除できます。

また、一括借上方式は外部の管理会社を利用しなくても実現できます。

例えば、親族で経営する不動産管理法人がすでにあるのであれば、その法人に対して一括賃貸すれば良いのです。このように、個人の不動産を管理するためにすでに法人が存在しているケースでは、法人を活用することにより比較的簡単に土地評価の例外的取扱いのメリットを受けることが可能となります。

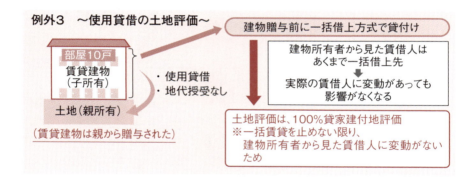

④ 新築建物の貸家評価と一括借上方式の活用

貸家は固定資産税評価額の30％引きで評価することができますが、当然賃借人が入居していることが前提です。アパートなどの既存建物であれば一時的な入退去は考慮しなくて良いことになっていますが、新築建物の場合はそうではありません。新築建物は全ての部屋に入居者が入らない限り、建物全体を貸家、または土地全体を貸家建付地として評価することはできず、あくまで入居した部屋の部分のみがこれらの対象になります。新築後、満室にならない限りは限定的な取扱いなのです。

そこで、一括借上方式を利用して貸家の評価減をフル活用することを検

討します。特に、建物を建築した方が高齢であり相続発生が危惧されるのであれば、すぐにでも評価減のメリットを享受したいものです。一括借上方式を利用することで、実際の入居者の有無に関係なく、新築直後でも建物全体を貸家として、土地全体を貸家建付地として減額させることができるようになります。

第 **4** 章

具体的な土地活用
（ケーススタディ）

18 駐車場用地などに賃貸住宅を建築した場合

事例

自宅および駐車場として利用している土地を所有しており、財産状況は表のとおりです。駐車場用地に賃貸建物を建築した場合にはどのような効果があるのでしょうか。建物は1億円で建築し、建築費は金融機関から借入れをすることを考えています。
家族構成は妻と長男、次男であり、推定相続人は3名です。

● 現在

自　宅　　300㎡
路線価　　300千円
借地権割合 60%

駐車場　　400㎡
路線価　　300千円
借地権割合 60%

法定相続人
妻、長男、次男の3名

〈財産内容〉

財産内訳	相続税評価額
自宅土地（300㎡）	90,000,000円
小規模宅地等の評価減	−72,000,000円
自宅建物	10,000,000円
砂利敷き駐車場（400㎡）	120,000,000円
現預金	30,000,000円
合　計	178,000,000円

〈相続税の計算〉

基礎控除額	−48,000,000円
課税遺産総額	130,000,000円
妻の法定相続分（1/2）	65,000,000円
長男の法定相続分（1/4）	32,500,000円
次男の法定相続分（1/4）	32,500,000円

適用税率	相続税の総額の計算	配偶者の税額軽減額
30%−700万円	12,500,000円	妻が財産の2分の1を相続した場合
20%−200万円	4,500,000円	
20%−200万円	4,500,000円	
	21,500,000円	−10,750,000円
	納税額	10,750,000円

● **賃貸建物の建築後**

自宅　　　　300㎡
路線価　　　300千円
借地権割合　60%

建築費 1億円

賃貸建物の敷地 400㎡
路線価　　　300千円
借地権割合　　60%

法定相続人
妻、長男、次男の3名

〈財産内容〉

財産内訳	相続税評価額
自宅土地（300㎡）	90,000,000円
小規模宅地等の評価減	-72,000,000円
自宅建物	10,000,000円
賃貸建物の敷地（400㎡）	120,000,000円
貸家建付地の評価減	-21,600,000円
小規模宅地等の評価減	-2,236,364円
賃貸建物の固定資産税評価額	60,000,000円
貸家の評価減	-18,000,000円
借入金	-100,000,000円
現預金	30,000,000円
合　　計	96,163,636円

〈相続税の計算〉

基礎控除額	-48,000,000円
課税遺産総額	48,163,636円
妻の法定相続分（$\frac{1}{2}$）	24,081,000円
長男の法定相続分（$\frac{1}{4}$）	12,040,000円
次男の法定相続分（$\frac{1}{4}$）	12,040,000円

適用税率	相続税の総額の計算	配偶者の税額軽減額
15%-50万円	3,112,150円	妻が財産の2分の1を相続した場合
15%-50万円	1,306,000円	
15%-50万円	1,306,000円	
	5,724,100円	-2,862,000円
納税額		2,862,000円

① **相続税が減少する**

　賃貸建物を建築することにより、土地は貸家建付地で評価できるようになるため2,160万円評価額が減少します。
　また、建物の評価額は建築費の1億円ではなく固定資産税評価額の

6,000万円を基に評価しますから、評価額が4,000万円減少し貸家の評価減1,800万円とあわせて、事例では評価額が7,960万円減少します。

さらに、小規模宅地等の評価減の適用範囲が広がる可能性があります。アスファルトなどで舗装されていない砂利敷き青空駐車場の場合には、小規模宅地等の評価減の対象土地には該当しませんが、賃貸建物の敷地は小規模宅地等の評価減の対象になります。

事例では、自宅土地は300㎡であることから、特定居住用宅地等の上限である330㎡までまだ30㎡の余りがあります。そこで、余った地積部分を貸付事業用宅地等として賃貸建物の敷地に適用すれば、追加で約220万円の減額を受けることができます。事例より自宅土地の地積が狭い場合には、地積の余りが増加しますので、貸付事業用宅地等として新たに減額できる金額はさらに増えることでしょう。

結果として、賃貸建物を建築することにより、相続税の総額で約1,500万円、妻が相続財産の2分の1を相続した場合の納税額では約780万円の相続税が減少することになります。

② 建築主の趣向を反映して建築できる

賃貸建物は、周辺の状況、立地、地域性などを考えて建築することになります。木造や鉄骨造、鉄筋コンクリート造など様々な構造がありますが、構造によって建築費が大きく異なりますので、収益性なども勘案して建築方法や施工会社を決めていくことになるでしょう。部屋の広さや間取りなどは地域ニーズに合わせたものを建築することになりますが、比較的建築主の意向を反映した建物を建てられます。また、デザイナーズマンションなど他の物件と差異を設けた競争力のある建物を建築することもできます。事例とは異なりますが、自宅を賃貸併用住宅に建て替えるケースもあるでしょう。

運営管理の方法も、自ら建築する建物であれば状況に合わせて選択することができます。管理は自ら行って入退去だけを管理会社に依頼する方法

や、清掃を含む管理運営の全てを管理会社に依頼することもできますし、一括借上げで賃貸することも可能です。運営方法によって生じるコストが当然変わりますので、収益性と維持管理の手間などを踏まえて選択することになります。

③ 収益力をアップ、固定資産税が減少、相続税の納税資金を蓄える

　駐車場から居住用の賃貸建物の敷地に変わるため、固定資産税の取扱いは非住宅用地から住宅用地となり、固定資産税の負担が軽減します。駐車場の時に比べるとおおよそ３分の１から４分の１になるでしょう。

　賃貸建物を建築すれば駐車場に比べて収益力が増大します。ただし、借入金があれば月々返済する必要がありますので、借入金返済後の資金収支と税引後手残り資金がどれくらいになるか、収支計画表を基に詳細な説明を受けるようにしてください。そして、10年後から15年後あたりに行われるであろう大規模修繕に要する費用を勘案しながら、余裕資金は相続税の納税資金用として蓄えることができます。また、余裕資金を生前贈与で子へ贈与すれば、相続財産の蓄積を抑えることができますので、より効果的といえます。

ポイント
① 賃貸建物の建築により相続税が減少する
② 空室でも賃貸運営に支障がないよう余裕をもった資金計画で実行する
③ 建築後10年〜15年に行われるであろう大規模修繕費用を想定しておく
④ 一括借上方式を含め、ニーズに応じた運営管理方法を選択できる
⑤ 収入が増加し手残り資金が増加するため、余裕資金は納税資金用として確保できる
⑥ 余裕資金を生前贈与すれば、子が納税資金を蓄えることができる

19 遊休土地を駐車場にする

> 事例

自宅の土地および建物を所有しており、長男夫婦と一緒に同居しています。そのほかに、以前は資材置き場として利用していた土地を所有していますが、現在は未利用地となっている土地があります。
現状でも相続税の納税はできる状態ではありますが、この土地をコインパーキングとして貸し付けることを検討しています。

● 現 在

自 宅　　200㎡
路線価　　300千円

未利用地　150㎡
路線価　　250千円

法定相続人
妻、長男の2名

〈財産内容〉

財産内訳	相続税評価額
自宅土地（200㎡）	60,000,000円
小規模宅地等の評価減	-48,000,000円
自宅建物	10,000,000円
未利用地（150㎡）	37,500,000円
現預金	30,000,000円
合　計	89,500,000円

〈相続税の計算〉

基礎控除額	-42,000,000円
課税遺産総額	47,500,000円
妻の法定相続分（$\frac{1}{2}$）	23,750,000円
長男の法定相続分（$\frac{1}{2}$）	23,750,000円

適用税率	相続税の総額の計算	配偶者の税額軽減額
15%－50万円	3,062,500円	妻が財産の2分の1を相続した場合
15%－50万円	3,062,500円	
	6,125,000円	-3,062,500円
納税額		3,062,500円

● コインパーキングとして利用後

自　宅　　200㎡
路線価　　300千円

コインパーキング 150㎡
路線価　　250千円

法定相続人
妻、長男の2名

〈財産内容〉

財産内訳	相続税評価額
自宅土地（200㎡）	60,000,000円
小規模宅地等の評価減	-48,000,000円
自宅建物	10,000,000円
コインパーキング（150㎡）	37,500,000円
賃借権の評価減（2.5%減）	-937,500円
小規模宅地等の評価減	-9,602,272円
現預金	30,000,000円
合　　計	78,960,228円

〈相続税の計算〉

基礎控除額	-42,000,000円
課税遺産総額	36,960,228円
妻の法定相続分（$\frac{1}{2}$）	18,480,114円
長男の法定相続分（$\frac{1}{2}$）	18,480,114円

適用税率	相続税の総額の計算	配偶者の税額軽減額
15%-50万円	2,272,017円	妻が財産の2分の1を相続した場合
15%-50万円	2,272,017円	
	4,544,034円	-2,272,017円
納税額		2,272,017円

① 小規模宅地等の評価減の対象になる

　自宅土地に対して、特定居住用宅地等として小規模宅地等の評価減を適用していますが、土地の面積が200㎡であることから、まだ限度面積の枠を使い切っていない状況です。自宅への小規模宅地等の特例は330㎡まで利用可能であるため、130㎡の未利用分があります。そこで、この未利用分を有効に活用することを考えます。

　自宅のほかに土地を150㎡所有していますが、未利用地であるため、このままでは小規模宅地等の特例を使うことはできません。前述したとお

り、小規模宅地等の対象となる土地等は、事業や居住のために利用されている必要があるからです。そのため、未利用地を駐車場用地として活用することにします。

月極駐車場としても良いのですが、立地によってはコインパーキングとして土地を借りたいという駐車場運営会社がある場合もあります。この形式はあくまで土地の賃貸ですので、アスファルト舗装をするための工事費用や管理の手間などは生じません。アスファルト舗装や設備設置は賃借人が行うためです。このような土地の賃貸であっても、貸付事業用宅地等として小規模宅地等の評価減を適用することができますので、相続財産の評価額が減少します。

なお、小規模宅地等の特例利用枠として130㎡の未利用分がありますが、これはあくまで特定居住用宅地等としての面積です。したがって、貸付事業用宅地等として利用する場合には利用可能面積の調整計算を行う必要があることを忘れないようにしてください。

▶貸付事業用宅地等としての利用残枠の計算

$$200㎡ - 200㎡（自宅土地）\times \frac{200}{330} = 78.7878\cdots㎡$$

ちなみに、2018年4月1日以後に貸付けを行った場合には、事業的規模による不動産所得がある人を除き、貸付けから3年経過をしないと貸付事業用宅地等の特例を受けることができなくなりました。これからは相続を見据えての早めの対策がますます重要になります。

② 賃借権の評価減が適用できる場合がある

コインパーキングとして利用されている土地の相続税の評価における地目は、雑種地となります。また、土地を賃貸しているときには、貸し付けられている雑種地というものに該当します。

借地権のような強固な権利はありませんが、貸し付けられていることか

ら賃借人は土地に対して賃借権というものを有しています。そこで、このような貸し付けられている雑種地の評価を行う場合には一定の減額をすることができます。なお、月極駐車場の場合にはこの減額を行うことができないのですが、コインパーキングなどとして第三者に土地を賃貸する形式の場合には適用することができます。

　減額割合は、契約の残存期間に応じて次のように定められています。

▶減額割合

賃借権の残存期間	減額割合	
	堅固な構築物以外	堅固な構築物
5 年以下	2.5/100	5 /100
5 年超　10年以下	5 /100	10/100
10年超　15年以下	7.5/100	15/100
15年超　20年以下	10/200	20/100

※20年までを記載しています

　コインパーキングの場合には、堅固な構築物以外の所有を目的とする貸付けにあたります。また、コインパーキングとしての賃貸借期間は、一般的には3年前後の契約が多いと思われます。そのため、通常は土地の評価額が2.5％減になると思っておくと良いでしょう。

③ 税務の特例が利用可能になる

　未利用地から事業用地になったことから、この土地を売却したときには事業用資産の買換え特例が利用できるようになります。未利用地の場合には何らの特例も適用できませんでしたが、今後は資産の組換えを行うときには事業用資産の特例を利用して、土地の譲渡益の80％を繰り延べることができます。

　このように、コインパーキングとしての収入を得ることができるのはもちろんのこと、土地売却時には特例を利用することもできるようになります。

097

20 サービス付き高齢者向け住宅の建築

> **事例**
>
> 　最近、サービス付き高齢者向け住宅（サ高住）という言葉をよく耳にするようになりました。今後、土地の有効活用を行うことを考えているのですが、サービス付き高齢者向け住宅は、アパートやマンションなどの賃貸建物とどのような違いがあるのでしょうか。

① サービス付き高齢者向け住宅とは

　サービス付き高齢者向け住宅とは、高齢者単身・夫婦世帯が安心して居住できる賃貸住宅のことをいい、民間事業者などによって運営されています。2011年に創設された新しい法律に基づく高齢者向け住宅で、一定の基準によって都道府県・政令市などが登録を行ったうえで、事業者へ監督・指導を行います。

　特徴としては、家賃やサービスなど住宅に関する情報が開示されており、介護スタッフなどによるサービスの提供が受けられるなど一般的な賃貸住宅よりも高齢者が住みやすいように配慮されている点です。提供されるサービスの種類は画一的ではなく、住宅により様々なタイプが用意されており、高齢者が住宅を選ぶうえでの選択肢が比較的広いことが挙げられます。

　なお、高齢者向け住宅のため入居者には要件があります。①60歳以上の高齢者、または②要介護者・要支援者のいずれかである必要があり、配偶者以外の同居者についても①または②の要件を満たしている必要があります。

　制度が開始されて以降、登録された住宅は年々増加をしており、2018年12月末における住宅棟数は7,000棟を超えています。

▶サービス付き高齢者向け住宅の登録状況（2018年12月末時点）

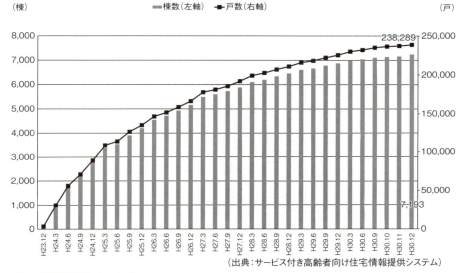

（出典：サービス付き高齢者向け住宅情報提供システム）

② 登録基準と内容

　サービス付き高齢者向け住宅の登録を受けるためには、一定の登録基準を満たした住宅である必要があります。

▶サービス付き高齢者向け住宅の登録基準

対象	規模・設備	サービス	契約関係
登録基準内容	●各専有部分の床面積は、原則25㎡以上であること ●各専有部分に原則として、台所、水洗便所、収納設備、洗面設備、浴室を備えたものであること ●バリアフリー構造であること	●介護スタッフなどのケアの専門家が少なくとも日中建物に常駐し、サービスを提供すること ●安否確認サービスおよび生活相談サービスが必須サービス ●任意として、介護・医療・生活支援サービスが提供・併設される 任意サービス内容は、食事提供サービスが最も多く90％以上の物件で提供されている	●長期入院などを理由に事業者から一方的に解約できない ●敷金、家賃、サービスの対価以外を受領できない（権利金などを受領できない） ●家賃等の前払金を受領する場合は、算定基礎、返還金の算定方法を明示すること

※地方公共団体において独自の基準が策定されている場合があります。

詳細は前ページの表のとおりとなっており、㋑部屋の広さや設備内容、㋺高齢者向けサービスの提供、㋩契約締結のルールの３つについて基準が設定され、この基準を満たした住宅・事業運営を行わなければなりません。事業運営は民間事業者や、医療法人、社会福祉法人などが建物所有者から賃貸を受けて運営しており、株式会社による運営が50％以上を占めています。

③ 補助金や税制優遇等の支援制度

　サービス付き高齢者向け住宅については、その供給を促進するため補助金や税制上の優遇措置が設けられています（詳細は図表参照）。

　補助金としては、建設費の10分の１を上限に国が補助を行う制度が設けられています。

　税制上の優遇措置としては、２つの軽減措置が設けられています。具体的には、固定資産税の税額軽減制度、不動産取得税の減額制度となっており、税制上からもサービス付き高齢者向け住宅の普及を支援しています。

▶補助制度の概要（2018年度）

供給促進のため、住宅・施設の建設・改修費に対して、国が補助を行っています。

対象	サービス付き高齢者向け住宅として登録されていること
補助額（原則）	新築の場合…建設費の１/10以内（上限90・120・135万円／戸）※ 改修の場合…改修費の１/３以内（上限180万円／戸）
主な要件	●10年以上登録するものであること ●家賃は近傍同種の物件とバランスがとれていること ●家賃等の徴収方法が前払方式に限定されていないこと ●事業資金の調達が確実であること ●市区町村のまちづくり方針と整合していること ●華美・過大な設備に係る費用は補助対象外 ●高額な家賃（月額30万円以上）の住戸に係る費用は補助対象外

※床面積に応じて設定

▶税制上の優遇措置の概要

固定資産税	内容	建物の固定資産税を5年間　1/2以上5/6以下の範囲内において市町村が条例で定める割合を軽減 適用期限　2019年3月31日まで（2021年3月31日まで延長予定）	
	要件	床面積 戸　数 構　造 その他	30㎡以上210㎡以下／戸　（共用部分含む） 10戸以上 耐火または準耐火構造 国または地方公共団体から建設費の補助を受けていること
不動産取得税	内容	家　屋 土　地 適用期限	課税標準から1,200万円控除／戸 家屋の床面積の2倍にあたる土地面積相当分の価額等を減額 2019年3月31日まで（2021年3月31日まで延長予定）
	要件	床面積 戸　数 構　造 その他	30㎡以上210㎡以下／戸　（共用部分含む） 10戸以上 耐火または準耐火構造 国または地方公共団体から建設費の補助を受けていること

④ 特徴のある有効活用として

　サービス付き高齢者向け住宅は、事業者との間で長期の賃貸契約を締結することになります。そのため、賃貸収入を安定的に長期間固定して得ることができ、空室リスクが少ないという特徴がある土地の有効活用事業です。

　また、高齢者向け住宅として他の物件との差別化を図りつつ、地域社会への貢献ができる事業形態でもあります。

21 建設協力金方式による ロードサイド店舗の建築

> **事 例**
> 幹線道路沿い（ロードサイド）に比較的広い地積の土地を所有しています。現在は駐車場として利用していますが、コンビニエンスストアなどの店舗を出店しないかという話があります。事業方式としては、自己資金や金融機関からの借入れがほとんど必要のない建設協力金方式が提案されていますが、どのような効果があるのでしょうか。

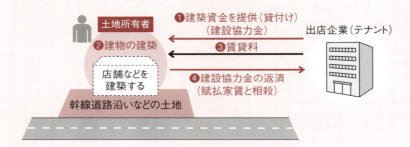

① 建設協力金方式の概要

　幹線道路沿いなどのいわゆるロードサイドにある土地の有効活用を考えた場合、騒音や振動などの問題があるため便利で駅に近いなどの立地条件が良い場合を除き、賃貸住宅の建設には適していません。ただ、道路沿いの交通量が多い場所であるという立地を考えれば、コンビニエンスストアやファミリーレストラン、広い土地であれば大型店舗・商業施設などの運営には非常に適している土地といえます。特に郊外の幹線道路沿いは、このような店舗が連たんしている場所が多いといえるでしょう。このような土地に店舗などを建築する場合に多く利用されている事業方式が、建設協力金方式です。

　土地の有効活用にあたっては、出店をしてもらえるテナント企業がいるかどうかが大きなポイントです。そのため、通常は建築会社がテナント企業を誘致するとともに、建設協力金方式による土地有効活用の提案をしてきます。

建設協力金方式では、建物を借り受けるテナント企業が建設費の一部または全部を土地所有者へ建設協力金（いわゆる保証金のことです）として預託（貸付け）し、土地所有者はその預託された金銭を利用して建物を建築します。そのため、多額の自己資金や金融機関からの借入れをすることなく建物を建築することが可能となります。

なお、この保証金には一般的に利息が付されませんが、保証金そのものは賃貸借契約期間中において月々賦払返済する契約となりますので、形式的にはテナント企業から無利息の借入れを行って建物を建築する契約であるといえます。なお、保証金に応じて賃料が設定されるため、保証金の額を多くすると賃料は相対的に低く設定されることになるでしょう。

② メリット、デメリット

建築費相当額を借主から貸主へ貸し付ける事業方式のため、以下に掲げるようなメリット・デメリットがあるのが特徴です。

特に、通常の不動産賃貸事業と大きく異なるのは、入居するテナントがあらかじめ決定しており、運営企業が求める仕様の建物を建築するということです。

そのため、万一テナント企業が退去・撤退をしてしまうと他に賃貸することが非常に難しい建物となります。建設協力金方式による事業はいわばテナント企業との共同事業といえます。

▶建設協力金方式のメリット・デメリット

メリット
- ●自己資金や借入金なしでも行える
- ●建設協力金（保証金）には通常利息が付されない
- ●土地の貸付けでないため借地権が発生しない
- ●計画段階から入居テナントが決まっており募集活動が不要
- ●テナント企業が中途解約した場合には、建設協力金（保証金）の返済義務が免除される
- ●貸家建築による相続税対策効果が高い

103

> **デメリット**
> - 建設協力金（保証金）返済が負担となりキャッシュフローが厳しいことがある
> - テナント企業が撤退すると新たな賃借人を探すことが非常に難しい
> - 賃貸借期間中の賃料がテナント企業の業績動向により見直されることがある

③ 土地賃貸でないため借地権の問題が生じない

　テナント企業との共同事業である建設協力金方式では、建物を建築するのはあくまで土地所有者です。したがって、借地権の問題が生じません。土地を貸し付けるとなると権利関係の調整もあり抵抗がある土地所有者の方もおられるかと思いますが、この方法であればそのような心配をせずに事業を行うことができます。

④ 相続税への影響

　土地所有者が建物を建築して賃貸しますから、土地は貸家建付地評価、建物は貸家評価となるため相続税対策として大きな効果があります。幹線道路沿いなどの土地の有効活用としては、他に事業用定期借地権による土地の貸付けという方法もあります。それぞれの方法によって特徴は異なりますが、相続税の負担軽減効果は建物を所有する建設協力金方式の方が高いといえます。

> **ポイント**
> ① 相続税対策としての効果が高い
> ② ロードサイドの土地活用に向いている
> ③ 自己資金の負担なしで建物を建設できる
> ④ テナント企業の賃貸借期間は15年から20年間が一般的である
> ⑤ 建設協力金（保証金）には利息が付かない
> ⑥ 月々の建設協力金（保証金）返済額を考慮したキャッシュフローの把握が大事

22 老朽化した自宅の売却と資産の組換え

事例

　自宅建物は築後50年を経過し、相当程度の傷みもあり老朽化が進んでいました。大規模修繕・リフォームや建替えなども検討しましたが、自宅に居住しているのは私と妻の2人だけでした。そこで、思い切って自宅は売却し、便利なマンション暮らしへと自宅の買換えを行ったところ相続税の負担軽減にもつながりました。

① 自宅売却に係る税金

　居住用財産である自宅を売却した場合には、税額計算上様々な特例が用意されています。

　ここで、特例利用にあたっての一番重要なポイント・注意点は、自宅建物を所有していたかどうかということです。自宅売却に係る特例について、共通していえることは、原則として建物を所有している方のみが特例を利用できることです。

　したがって、土地は所有しているが建物を所有していない場合では、土地所有者は原則として特例の利用ができません。このような場合には、できるだけ早いうちに建物持分を所有するようにしておきましょう。売却直前の持分移動は、特例適用をするためだけの形式的な移転であるとして認められないことになります。

　自宅売却に係る特例内容は、売却で利益が生じるのか、損失が生じるのかの2つに分けることができ次ページの図表のとおりとなります。

　自宅の買換えも保有する資産の組換えのひとつです。税務上の特例を上手に活用して、売却に係る税金を軽減しながら資産の組換えを行うようにしましょう。

▶自宅（居住用財産）の売却に係る特例内容の概要

利益が生じる場合

特　例	所有期間の要件	概　要	
3,000万円特別控除	なし	譲渡益から最高3,000万円を控除することができる	重複適用可能
軽減税率の特例	所有10年超	譲渡益のうち6,000万円までは、税率が6％軽減される	
買換えの特例	所有10年超（居住期間も10年超）	・売却代金が1億円以下の場合にのみ適用可能 ・自宅の買換えに充てた金額部分は課税されない	重複適用不可

損失が生じる場合

特　例	所有期間の要件	概　要	
買換えの特例	所有5年超	・買い換えた自宅には10年以上の借入金がついていること ・譲渡損を他の所得と通算可能、かつ、3年間繰越控除可能	買換えの資産にローン必要
譲渡損失の特例	所有5年超	・売却した自宅には10年以上の借入金があったこと ・譲渡損とローン残高のうちいずれか少ない金額を、他の所得と通算可能、かつ、3年間繰越控除可能	買換えの有無問わない売却資産にローン必要

▶自宅売却に係る税務上の特例利用のポイント

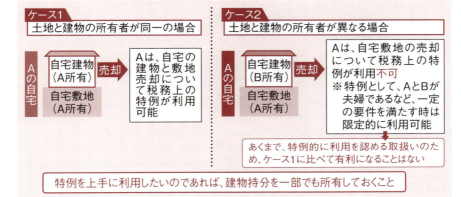

② 相続税への影響

　自宅の買換えを行うことによって相続税の負担が軽減される場合があります。

　事例では、自宅建物を売却して、都心のタワーマンションへ買い換えた場合の相続税の試算を行いました。この場合、相続税の総額で約1,240万円、妻が相続財産の2分の1を相続した場合の納税額では約620万円の相続税が減少することになります。このような結果に必ずなるとは限りませんが、購入価額に比べて土地の路線価と建物の固定資産税評価額が低い場合には、相続税評価額が大きく減少します。特に都心のタワーマンションは時価と相続税評価額との乖離が大きく、物件によっては相続税評価額が購入価格の2割〜3割程度のものもあります。そのため、自宅であっても資産の組換えを行うことで相続税が減少することでしょう。

　なお、自宅敷地の評価は小規模宅地等の特例も影響するため、実際には複雑となります。所有財産全体の相続税の試算と、その影響をあらかじめシミュレーションしておくことをお勧めします。

● 自宅売却前

自宅　400㎡
路線価　250千円

駐車場　400㎡
路線価　300千円

法定相続人
妻、長男、次男の3名

〈財産内容〉

財産内訳	相続税評価額
自宅土地（400㎡）	100,000,000円
小規模宅地等の評価減	-66,000,000円
自宅建物	10,000,000円
アスファルト駐車場（400㎡）	120,000,000円
現預金	30,000,000円
合　計	194,000,000円

〈相続税の計算〉

基礎控除額	-48,000,000円
課税遺産総額	146,000,000円
妻の法定相続分（$\frac{1}{2}$）	73,000,000円
長男の法定相続分（$\frac{1}{4}$）	36,500,000円
次男の法定相続分（$\frac{1}{4}$）	36,500,000円

適用税率	相続税の総額の計算	配偶者の税額軽減額
30%-700万円	14,900,000円	妻が財産の2分の1を相続した場合
20%-200万円	5,300,000円	
20%-200万円	5,300,000円	
	25,500,000円	-12,750,000円
納税額		12,750,000円

● 自宅をタワーマンションへ買い換えた後

前提条件
① 自宅を1億円で売却し、タワーマンションを1億円で購入
② 居住用財産の買換え特例を利用する
③ マンションの敷地持分は20㎡、路線価200万円
④ マンションの建物評価は1,000万円

タワーマンション　1億円
路線価　　　2,000千円
土地持分地積　　20㎡

駐車場 400㎡
路線価 300千円

法定相続人
妻、長男、次男の3名

〈財産内容〉

財産内訳	相続税評価額
マンション敷地持分（20㎡）	40,000,000円
小規模宅地等の評価減	-32,000,000円
自宅建物（マンション）	10,000,000円
アスファルト駐車場（400㎡）	120,000,000円
小規模宅地等の評価減	-28,181,818円
現預金	30,000,000円
合　計	139,818,182円

〈相続税の計算〉

基礎控除額	-48,000,000円
課税遺産総額	91,818,182円
妻の法定相続分（$\frac{1}{2}$）	45,909,000円
長男の法定相続分（$\frac{1}{4}$）	22,954,000円
次男の法定相続分（$\frac{1}{4}$）	22,954,000円

適用税率	相続税の総額の計算	配偶者の税額軽減額
20%-200万円	7,181,800円	妻が財産の2分の1を相続した場合
15%　-50万円	2,943,100円	
15%　-50万円	2,943,100円	
	13,068,000円	-6,534,000円
納税額		6,534,000円

③ 相続対策・遺産分割対策としてのタワーマンション購入

　交通の便が良い都市のマンション暮らしを望む相続人の方も増えています。例えば、所有資産の組換え・見直しなどを行って都心のマンションを購入し、事業用として賃貸運用することも考えられます。マンションの購入により相続税対策にもなり、相続の際には遺言で、長男には自宅やその他の事業用財産を、長女には都心のマンションを引き継がせるようにします。長女は相続後賃貸を継続しても良いでしょうし、自ら居住することもできるでしょう。

　何をどのように引き継がせるかは様々ですが、都心の高級タワーマンションは相続税対策としての効果が非常に大きい不動産です。自ら居住する以外に賃貸することも可能ですので、資産の組換え対象のひとつに挙げられるでしょう。

　なお、相続税の負担軽減目的のみであからさまにタワーマンションを購入することは、税務上のリスクを伴います。相続発生後すぐにタワーマンションを売却したようなケースでは、相続税評価額による申告が認められなかった事例があります。また、最近はタワーマンションの評価額そのものの見直しを検討しているようです。いずれにせよ、税対策目的ありきではなく、全体の投資効果を踏まえた節度ある対策が大切です。

23 事業用資産の買換えを用いた実質資金負担なしの土地活用

事例

自宅以外に貸地、駐車場用地など複数の土地を所有しています。今のところ、相続税は貸地や駐車場用地の一部を売却して納税する予定を立てています。先日、土地の有効活用セミナーに参加したところ、相続発生前に土地の売却をして、その売却資金で賃貸建物を建築する話を聞きました。事業用資産の買換え特例を利用することで、借入れを行うことなく相続税対策ができ、かつ、収入も増えるとのことですが、内容を教えてください。

〈事業用資産の買換えイメージ〉

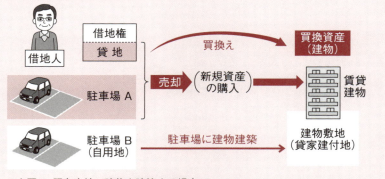

※上図は、既存土地に建物を建築する場合。
※この他、新規に土地と建物を取得することもあります。

① 事業用資産の買換え特例

事業用の土地建物等を譲渡し、原則として譲渡年の翌年までに一定の事業用の土地建物等を取得した場合には、譲渡所得税等が最大で8割軽減・繰延べされる特例があります。この特例を、事業用資産の買換え特例といいます。名称にもあるとおり、譲渡資産と買換資産のいずれもが一定の要件に合致する事業用資産である必要があり、最もよく利用されているものは、10年超の長期所有土地建物を譲渡した場合の特例です。

▶事業用資産の買換え

一定の譲渡資産を売却し、組み合わせに対応する一定の資産を取得した場合に特例の適用ができる。

最も利用頻度の高い組み合わせ

（適用期限 2020年3月まで）

譲渡資産	買換資産
国内にある土地等、建物または構築物で、所有期間10年超のもの	事務所、住宅等の敷地の用に供される国内の土地等で300㎡以上のもの、建物、または構築物

※組み合わせは上記を含めて8種類

〈買換資産の取得〉

原則：譲渡年の翌年中に買換資産を取得する必要がある。

特例：譲渡年の翌年以降3年間延長できる。（税務署長の承認が必要）

特例を利用することで、譲渡所得税等について最大80%を繰延べできる

事業用資産の買換えの計算イメージ

●事例
- ・貸地および駐車場を1億1,000万円で売却
- ・建物を買換資産として、1億円で建築
- ・売却資産の取得価額は売却価額の5％で計算
- ・仲介手数料などは考慮しないで計算

〈所得税等の計算〉

① 特例を利用する場合

$$\left\{1.1億円 - 1億円 × 80\% - (1.1億円 × 5\%) × \frac{(1.1億円 - 1億円 × 80\%)}{1.1億円}\right\} × 20.315\%（税率）≒ 579万円$$

∴税引後手取資金　1.1億円 − 579万円 = 1億421万円

② 特例を利用しない場合

$$(1.1億円 - 1.1億円 × 5\%) × 20.315\% ≒ 2,123万円$$

仲介手数料を考慮しない場合、売却価額と手残り資金の比率は、約1.05対1

③ 特例利用の有無による税負担の差異

2,123万円 − 579万円 = **1,544万円**

事例では、譲渡所得税が約1,544万円減少しています。税負担が少なくなった分、売却代金の手残りが増えますので、買換資産の購入資金に充てる金額を増やすことができます。

112

② 借入金なしで建築できる

　資産の組換えとして、低収益財産である貸地や駐車場などを売却し、その代金をもって建物を建築すれば金融機関からの借入れをすることなく、土地の有効活用を行うことが可能です。売却資産が貸地であっても事業用資産の買換え特例を適用できますので、資産の組換えには非常に適した制度といえます。

　低収益財産からの資産の組換えによる借入金がない事業は、従前に比べて収益が改善した分だけ手残り資金が増えることになります。借入れのない安定した不動産賃貸業を背景に、相続税の納税資金を計画的に蓄えることができます。蓄えた資金があれば不動産を売却することなく相続税の納税をすることも可能となるでしょう。

● 現 在

自　宅　　　600㎡
借地権割合　　70%

貸地

駐車場 A

駐車場 B

法定相続人
妻、長男、次男の3名

〈財産内容〉

財産内訳	相続税評価額
自宅土地（600㎡）	200,000,000円
小規模宅地等の評価減	-88,000,000円
自宅建物	10,000,000円
貸地	90,000,000円
駐車場 A	
駐車場 B	150,000,000円
現預金	30,000,000円
合　　計	392,000,000円

〈相続税の計算〉

基礎控除額	-48,000,000円
課税遺産総額	344,000,000円
妻の法定相続分（$\frac{1}{2}$）	172,000,000円
長男の法定相続分（$\frac{1}{4}$）	86,000,000円
次男の法定相続分（$\frac{1}{4}$）	86,000,000円

適用税率	相続税の総額の計算	配偶者の税額軽減額
40%-1,700万円	51,800,000円	妻が財産の2分の1を相続した場合
30%　-700万円	18,800,000円	
30%　-700万円	18,800,000円	
	89,400,000円	-44,700,000円
	納税額	44,700,000円

● 事業用資産の買換え特例を利用して賃貸建物建築後

[前提条件]
① 貸地、駐車場 A を1.1億円で売却、税引後手取資金1億421万円
② 事業用資産の買換え特例を利用して賃貸建物を1億円で建築
③ 賃貸建物の固定資産税評価額は建築費の60%と仮定
④ 借地権割合70%地区

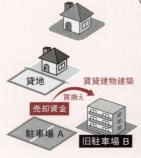

法定相続人
妻、長男、次男の3名

〈財産内容〉

財産内訳	相続税評価額
自宅土地（600㎡）	200,000,000円
小規模宅地等の評価減	-88,000,000円
自宅建物	10,000,000円
賃貸建物の敷地（旧駐車場 B）	150,000,000円
貸家建付地の評価減	-31,500,000円
賃貸建物の固定資産税評価額	60,000,000円
貸家の評価減	-18,000,000円
現預金	34,210,000円
合　計	316,710,000円

〈相続税の計算〉

基礎控除額	-48,000,000円
課税遺産総額	268,710,000円
妻の法定相続分（$\frac{1}{2}$）	134,355,000円
長男の法定相続分（$\frac{1}{4}$）	67,177,000円
次男の法定相続分（$\frac{1}{4}$）	67,177,000円

適用税率	相続税の総額の計算	配偶者の税額軽減額
40%-1,700万円	36,742,000円	妻が財産の2分の1を相続した場合
30% -700万円	13,153,100円	
30% -700万円	13,153,100円	
	63,048,200円	-31,524,100円
	納税額	31,524,100円

現預金で納税可能

③　建物の減価償却費は減少する

　事業用資産の買換え特例を利用して建物を購入した場合には、譲渡所得税が減少する反面、買換資産である建物の取得価額が減ります。事例の1億円で建物を建築した場合には、取得価額は1億円ではなく、約2,000万円として計算されます。そのため、買換えを利用しなかった場合と比べると約8,000万円分の減価償却費の計上ができなくなるため、毎年の不動産所得はその分増加し、所得税・住民税の負担額が増加することになります。

　したがって、増加する所得税・住民税の負担額とその影響をあらかじめ把握するためにも、事業用資産の買換えの特例を適用した場合と、適用しなかった場合のシミュレーションを行っておくことが大切です。

④　相続税への影響

　事例では、事業用資産の買換え特例を利用した資産の組換えを実行することで、相続税の総額で約2,635万円、妻が相続財産の2分の1を相続した場合の納税額では約1,317万円相続税が減少しました。貸地や駐車場として運営していた時に比べて、賃貸建物の建築後は収益力が改善しますので、比較的余裕をみながら金銭を蓄えることができます。また、事例では保有する現預金だけでも相続税を納税することが可能となりました。

ポイント

① 相続税評価額の引下げにより相続税が減少する
② 譲渡所得税等の負担を減らし、売却資金を有効に利用して不動産投資を行うことが可能
③ 収益力の改善を図り、納税資金を蓄えることも可能
④ 事業用資産の買換え特例を利用すると、その後の減価償却費は減少してしまう

24 等価交換による資金拠出なしの土地活用

> **事例**
> 駐車場として利用していた土地は、地積が広く容積率も高い場所にあったため、かねてより賃貸マンションなどを建築することを検討していました。ただ、建築費を賄える資金もなく、また借入れを行ってまで有効活用を行うことは考えていませんでした。そこで、資金負担をせずとも有効活用ができるといわれている等価交換事業を行うことにしました。結果、今では収入も増え、相続対策もできて満足しています。

① 等価交換事業とは

　等価交換事業とは、土地を一旦不動産開発業者へ譲渡し、その後その土地上に不動産開発業者が建築した建物の一部を買換資産として取得する方法をいいます（図表参照）。土地所有者は、土地譲渡代金に見合う建物の持分（区分所有建物）を所有します。イメージとしては、土地と区分所有建物との交換ともいえるでしょう。

　ちなみに、土地と土地などの等価による固定資産の交換と混同される方がいますが、土地の有効活用における等価交換事業は、まったく異なるものですので間違えないようにしてください。

　この方式は資金負担なく土地の有効活用を行うことができるという大きなメリットがあります。

▶等価交換事業のイメージ

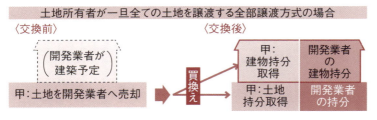

② 土地譲渡に係る税金の取扱い

土地を譲渡しますので、原則として土地譲渡益に対して譲渡所得税が発生します。しかし、一定の要件に合致する場合には、譲渡所得税を100％繰延べすることができる特例があり、これを一般的に立体買換えの特例と呼んでいます。

▶等価交換に係る税金

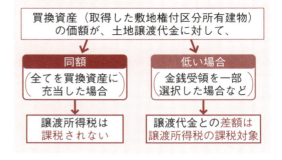

譲渡資産の利用状況は問いませんので、未利用地などの空地であっても特例が適用できます。ただ、買換資産は居住用か事業用（賃貸事業も当然含みます）にする必要があります。

③ 建物の減価償却費は減少する

土地譲渡代金の全てを買換資産に充てた場合には、立体買換えの特例を適用することにより譲渡所得税の負担がゼロになります。しかしながら、この特例は税金を免除するということではなく、あくまでも譲渡時の税金をその後に繰り延べる制度です。

▶買換資産と減価償却費のイメージ

そのため、買換資産の取得価額は実際の金額とはならず、譲渡した土地の取得価額を基礎とした低い金額になります。したがって、買換資産が事業用の場合には減価償却費が少なくなり、その後の不動産所得が増加します。

事業用資産の買換えの特例と同様、税務上の特例を適用した場合と、適用しなかった場合のシミュレーションをあらかじめ行っておくことが良いでしょう。

④ 相続対策として

所有財産が土地から区分所有建物に変わります。等価交換事業は、土地を一部売却してその代金で建物を建築することと同じです。賃貸事業用とした部分は、貸家建付地および貸家としての評価減が適用されますので、相続税評価額が大きく減少します。

また、等価交換事業では、取得する不動産は通常区分所有建物となります。複数戸を取得するのであれば部屋ごとに登記された複数の部屋を取得します。つまり、マンションを複数戸購入したことと同じです。

そのため、自宅部分は妻へ、○○号室は長男へ、○○号室は長女へと部屋ごとに相続させることができるようになります。財産を共有にさせることなく、相続人ごとに分けて承継させることが可能となりますので、遺産分割対策としても有効であるといえます。

⑤ 建築中のリスクを踏まえ、実行するなら早めに行う

等価交換事業を行うときには、事業期間中のリスクを考えることが大事です。

事業用地が駐車場のような土地であれば大きな問題が生じることはありませんが、自宅敷地やアパートの敷地であるところを等価交換する場合には注意が必要です。

このような場合、旧建物の取り壊し、その後の建築という流れとなりますので事業期間は数年間要します。そして、この事業期間中に相続が発生してしまうと多額の税金が生じる可能性があります。なぜなら、等価交換事業の契約を行う際には、不動産開発業者とその事業用地の時価を算定して売買契約を行うことになります。そのため、事業期間中に相続が発生し

た場合には、財産を土地として路線価評価することはできず、売買契約書上の売買金額が評価額となるからです。通常、売買金額は路線価による土地評価額より多額になるため、等価交換事業を行った後は事業が完了するまでは相続税の負担が以前より大幅に増加します。

　このように、等価交換事業を行うときには、事業期間中は相続税の負担が一時的に増加してしまうリスクがあることを理解のうえ、特に高齢者の方はそのリスクを踏まえて早めに検討する必要があります。

ポイント
① 土地から建物への買換えのひとつであり、相続税の負担軽減効果がある
② 自己資金をまったく必要とせずに、建物を取得できる
③ 譲渡所得税等をゼロにすることも可能
④ 取得した住戸を賃貸すれば賃貸収入を得ることができる
⑤ 区分所有建物のため、相続人は部屋ごとに相続することができる
⑥ 事業期間中は、相続税の負担が増加するリスクがある

25 定期借地権の活用

> 事例
>
> 自らは賃貸建物を建築しないで土地活用を行うのであれば、定期借地権という制度を利用した土地の貸付けが適していると聞きました。建物を賃貸することに比べて事業リスクがなく、長期間安定した地代収入を得ることができるとのことですが、制度の内容を詳しく教えてください。

① 定期借地権の種類と内容

1992年に施行された借地借家法により、定期借地権という制度が創設されました。定期借地権は、契約期間が満了すれば必ず土地が戻ってくる借地制度です。

これにより、土地が半永久的に戻ってこないのではないかという心配もなく、また契約更新を行う必要もないため、期間を定めて安心して土地を貸し付けることができるようになりました。賃貸建物を建築した場合に比べると収入は低いものの、契約期間中は安定的な地代収入を得ることができるため、事業リスクが低い活用方法といえます。

定期借地権は、その契約内容によって3種類に分類されます。それぞれの内容は図表のとおりであり、土地の立地や活用方法によって選択することになります。

▶定期借地権の種類と特徴

種類	一般定期借地権	事業用定期借地権	建物譲渡特約付借地権
存続期間	50年以上	10年以上50年未満	30年以上
用途	制限なし	事業用のみ	制限なし
契約形式	公正証書等の書面	公正証書	実務上書面で行う
特徴	●期間満了時、借地人は更地にして返還 ●契約更新がない ●契約期間が50年以上と長い	●期間満了時、借地人は更地にして返還 ●契約更新がない ●借地は住宅系以外で利用、幹線道路沿いなどのロードサイド店舗で活用	●期間満了時、土地所有者は建物を買い取ることで借地権が消滅 ●契約更新がない

121

▶定期借地権に共通する特徴

1. 契約期間満了後、土地が必ず戻ってくる
2. 事業リスクが少なく、地代収入が安定している
3. 保証金などの一時金を得ることができる
4. 土地の相続税評価額が減少する
5. 物納対象土地とすることもできる

② 一般定期借地権

　一般定期借地権は住宅系の土地活用に非常に多く利用されています。賃貸期間が50年以上と非常に長くなりますが、安定した地代収入を得ることができるため、マンション敷地や戸建分譲の敷地などによく利用されます。戸建分譲用の定期借地権の場合には、土地は敷地区画ごとに分筆・整備しますので、相続の際には相続人が区画ごとに分割承継することも可能です。

　また定期借地契約では、ハウスメーカーや不動産開発業者などの借地人が建物を建築して、ノウハウを生かした不動産賃貸事業を行うことがあります。このような場合、建物譲渡特約付借地権の契約として、30年後に土地所有者が建物を買い取り、賃貸事業を継続するような方式を採用することもできます。

③ 事業用定期借地権

　店舗などの商業系の建物の建築に適している交通量の多い幹線道路沿いなどの土地では、事業用定期借地権が多く利用されています。

　土地価格に対する利回りは、住宅系の一般定期借地権は1％～2％程度ですが、事業用定期借地権は地代収入が比較的高く設定されるため3％～5％程になります。事業収益が大きく見込まれるような土地であれば、地代はさらに高く設定されるケースもあります。

　事業用定期借地権の賃貸期間は20年程度となりますので、事業期間は建設協力金方式と大差ありません。事業リスクを負担せずに長期間安定した地代収入を得ることを望む場合には事業用定期借地権が適しています。

④ 税務上の取扱いと地代の前払方式

　定期借地権の設定をした場合、通常は保証金や権利金などを収受します。保証金であれば一般には税金は課税されませんが、期間満了時に返還をする必要があります。また、権利金であれば返還する必要はありませんが、一度に多額の所得税が課税されることがあります。

　そこで、地代の前払方式という仕組みが登場しました。地代の前払方式はその名のとおり将来の地代を一括して前払いで受ける方法です。例えば、年間地代が100万円で50年間の賃貸期間であれば、当初5,000万円を前払地代として収受します。返還する必要のない多額の一時金を得ることができ、かつ、地代は毎年100万円として所得税の申告をすればよいため、所得税の負担も多額にならないというメリットがあります。

▶定期借地権に係る一時金の設定方式

■保証金方式
　⇒・返還が必要
　　・保証金は、実務上は課税の問題はほとんど生じない

■権利金方式
　⇒・返還が不要
　　・権利金は、不動産所得または譲渡所得として所得税が課税される

■前払地代方式
　⇒・返還が不要
　　・毎年の地代相当額を不動産所得として所得税が課税される

一時金を利用して、賃貸建物を建築することなど、有効活用と合わせて利用できる。

　なお、定期借地権が設定された土地の評価額は更地に比べて減少することになりますが、前払地代を収受すれば当然に現預金が増加します。そこで、収受した一時金を活用して新たな不動産投資や、他の土地に賃貸住宅を建築すれば、さらに相続税対策の効果を得ることができます。定期借地制度はそれだけで考えるのではなく、土地の有効活用や新たな資産の組換えと一緒に考えると良いでしょう。

123

▶前払地代方式による一時金の活用

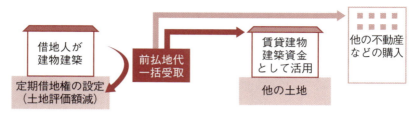

26 農地の転用と有効活用

① 農地の転用

　農地とは耕作の目的に供される土地をいい、国の政策によって農地法で権利移動や転用が制限されています。そのため、農地を農地以外の土地に転用して有効活用を行う場合には、農地法のルールに従って転用の手続きを行う必要があります。農地の場合、一般的には所有している土地の登記簿謄本（全部事項証明書）に田や畑などと記載があるはずです。このような土地は、農地法の制限がかかりますので他の用途に変更するためには転用手続きをしなくてはなりません。

　農地を転用するときは、原則として都道府県知事等の許可を受けなければならないことになっており、農業委員会を通じて手続きを行うことになります。このように許可を受けなければ転用することはできないのですが、例外として市街化区域内の農地については農業委員会へ届出をすることだけで転用が認められています。

　有効活用を考えている土地は、おそらく市街化区域内の農地でしょうから届出を行うことで農地以外の土地へ転用することができるはずです。参考として、転用に許可が必要な農地についての許可方針（立地に係るもの）は次のようになっています。

区分	営農条件・市街地化の状況	許可の方針
農用地区域内農地	市町村が定める農業振興地域整備計画において農用地区域とされた区域内の農地	原則不許可 （市町村が定める農用地利用計画において指定された用途（農業用施設）等のために転用する場合、例外許可）
甲種農地	市街化調整区域内の土地改良事業等の対象となった農地（8年以内）等、特に良好な営農条件を備えている農地	原則不許可 （土地収用法の認定を受け、告示を行った事業等のために転用する場合、例外許可）

125

第1種農地	10ヘクタール以上の規模の一段の農地、土地改良事業の対象となった農地等良好な営農条件を備えている農地	原則不許可 （土地収用法対象事業等のために転用する場合、例外許可）
第2種農地	鉄道の駅が500m以内にある等、市街地化が見込まれる農地又は生産性の低い小集団の農地	農地以外の土地や第3種農地に立地困難な場合等に許可
第3種農地	鉄道の駅が300m以内にある等、市街地の区域又は市街地化の傾向が著しい区域にある農地	原則許可

（出典：農林水産省ホームページ）

② 生産緑地制度

　市街化区域内の農地を転用するときは、農業委員会への届出をするだけでよいということを述べました。ただし、主に三大都市圏の市街化区域内農地については、農地法とは別の制限が生じているケースがあります。それは生産緑地制度といわれるもので、これにより転用が規制されている場合があります。

　生産緑地とは、都市における良好な生活環境の確保や災害の防止、都市部に残存する農地の計画的な保全を図るために、市街化区域内で指定された一定の区域内の農地のことをいいます。生産緑地に該当すると、市街地の農地であっても固定資産税の負担が農地並みに軽減されるメリットがあります。

　この生産緑地は農業を維持することが前提の制度ですので、生産緑地に指定されてから30年を経過するか、または主たる農業従事者の死亡という事実がない限りは、農地を売却したり転用したりすることはできません。

　つまり、生産緑地制度を簡単にまとめれば、三大都市圏の市街地にある農地について、農業を続ける代わりに固定資産税の負担が軽減される制度であると理解すると良いでしょう。また、相続時には次の④で述べる農地の納税猶予制度を適用することが可能です。

▶生産緑地に対する主な税制と特徴

1. 固定資産税が軽減される（農地として課税される）
2. 相続時の相続税評価額が5％評価減となる
3. 相続税の納税猶予の対象にできる
4. 地方公共団体などに買い取られる場合には、譲渡所得について1,500万円控除がある

③ 特定生産緑地が新たに定められた

　生産緑地は、その指定から30年を経過すると買取りの申出ができるようになり、実務的には生産緑地の売却や転用ができるようになります。この生産緑地の指定は1992年から行われており、現在の生産緑地の約8割は1992年中に行われたものといわれています。そのため、30年経過後の2022年になると多くの生産緑地は売却・転用がいつでもでき得るような状態になります。そこで、農地の保全を図るために2017年に生産緑地法が改正され、2018年4月1日から改正生産緑地法が施行されました。

　改正された生産緑地法では、特定生産緑地というものが新たに定められています。特定生産緑地とは、指定から30年を経過した生産緑地について、その後10年を1つの区切りとして指定するもので（10年ごとに延長可能）、イメージとしては今までの生産緑地の制限を延長させて農業経営を維持させる制度といえます。

　つまり、指定から30年経過したとしても特定生産緑地に指定されると、農業を継続すべきものとして売却や転用がいままでと同じようにできなくなります。逆に特定生産緑地の指定を受けない場合には、その後はいつでも転用等ができるようになります。

　そうすると、利用の制限を受けない生産緑地のままの方が良いように思えますが、特定生産緑地の指定を受けなかったときには、税制上のメリットが無くなってしまうという大きなデメリットがあります。それは、指定から30年を経過した生産緑地は、特定生産緑地でない限り、固定資産税の

軽減（農地としての課税）がされなくなり、大幅に税負担が増加するということです。また、農地の納税猶予の対象にもなりません。

したがって、生産緑地を所有している方は、特定生産緑地の指定を受けるかどうかを考えておく必要があります。特定生産緑地の指定による農地転用等の制限期間は10年区切りとなりますので、土地の有効活用計画を考えていない方は固定資産税の負担を軽減するためにも特定生産緑地としておく必要があるでしょう。反対に、今後農地以外への利用を考えている方は、具体的なスケジュールを計画したうえで、生産緑地の指定から30年経過後は、できるだけ早く転用をして有効活用を行っていく必要があるでしょう。

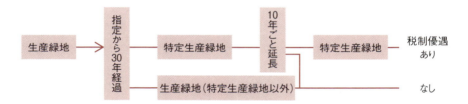

④ 農地の納税猶予制度の概要

この制度は、農業を営んでいた被相続人から一定の農地を相続や遺贈によって取得して継続して農業を営む場合に、相続税額の一部を猶予するという特例です。なお、農業経営基盤強化促進法等の規定による一定の貸付けを行っていた農地も対象となります。納税猶予の対象となる一定の農地の範囲は次ページの図表のとおりであり、三大都市圏内の農地については田園住居地域内、または生産緑地（生産緑地の指定を受けてから30年経過後は特定生産緑地）であることが要件となっています。

この特例を利用すると、対象農地の相続税評価額が農業投資価格を超える場合の、その超える部分に対応する相続税が猶予され、税負担を少なくすることができます。ただし、あくまで「納税猶予」の制度ですから、途中で農業を廃止したり農地を売却したりすると猶予されていた税額と猶予

期間中の利子税をあわせて納めなくてはならなくなりますので注意が必要です。

　農業投資価格とは、その土地が恒久的に農業の用に利用されるものとして取引される場合の価格のことで、宅地化を考慮していないため低い金額が設定されています。

　納税猶予は、相続税評価額と農業投資価格との差額が大きいほど、その効果も大きくなります。例えば、市街地にある農地の相続税評価額は、路線価をベースに宅地に比準して評価しますので、高い相続税評価額が算出される傾向にあります。したがって、納税猶予の特例は市街地の農地で特に大きな効果を生むといえるでしょう。

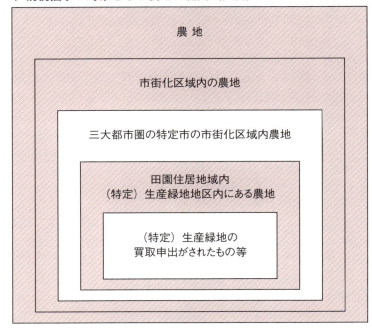

▶納税猶予の対象となる農地の範囲（概要）

2018年分における東京都にある畑の農業投資価格は１㎡当たり840円です。もし、この農地が接する路線価が１㎡当たり30万円だとすれば、価格差は１㎡当たり299,160円、農業投資価格は路線価の約357分の１の評価額になります。

納税猶予のイメージ

〈前提条件〉畑（生産緑地）500㎡　路線価 30万円／㎡　農業投資価格 840円／㎡

１．通常の相続税評価額　　　生産緑地としての減額
　　500㎡×30万円×0.95＝142,500,000円（造成費考慮外）

２．農業投資価格
　　500㎡×840円＝420,000円

　　　　　　　　　　　　　この差額に対応する一定の相続税額が猶予される

３．差額（農業投資価格を超える部分）
　　1.（142,500,000円）－2.（420,000円）＝142,080,000円

　この制度の適用により納税猶予された相続税は、農業相続人が死亡した時などに免除されることになります。

▶納税猶予に係る相続税が免除される場合

農地の内容	相続税が免除される時期
市街化区域外農地	農業相続人の死亡（終身営農）
（特定）生産緑地、三大都市圏の特定市の田園住居地域内農地	
市街化区域内農地（生産緑地を除く）	相続税の申告期限から20年経過（20年営農）

※上記のほか、農地の全てを後継者に生前一括贈与した場合も免除されます。

130

⑤ 有効活用を考える

　所有している土地を農地として維持していくのか、それとも宅地等へ転用して有効活用を図るのかによって、税務上の取扱いはまったく異なります。

　特に、三大都市圏の市街化区域内の土地は、生産緑地という制度があることもあり、早めの対策・検討が必要になります。固定資産税の負担を軽減し、かつ、承継時には農地の納税猶予制度を利用しながら農地として土地を維持していくのか、それとも、いずれかの時点で宅地等へ転用して有効活用を行っていくのが良いのか、今後の子どもたちへの承継方法を考えたうえで決定する必要があります。

　いますぐではないにせよ、宅地への転用をして有効活用を行うことを考えているのであれば、農地の納税猶予制度は利用せずに、とりあえず特定生産緑地の指定を受けて固定資産税の軽減メリットを享受しておくという判断もあるでしょう。農地の納税猶予制度を利用した場合には、途中で農業を廃止するなどすると猶予されていた相続税だけではなく、猶予されていた期間の利息として多額の利子税も発生してしまいます。そこで、相続税の納税ができるのであれば農地の納税猶予は受けないという選択肢もあり得ます。

　いずれにしても、2022年には多くの生産緑地が指定から30年を経過することになります。指定解除がなされた生産緑地を背景とする宅地供給が大量になされるのではないかともいわれています。そのときに拙速な対応とならないためにも、土地利用の計画は今のうちからしっかりと検討をしておくことが大事です。

27 賃貸建物は資産運用の内容を踏まえて建築する

事例

　土地の有効活用を行う必要があることは理解していますが、どのような方法を選択するのが一番良いのか悩んでいます。賃貸建物による活用も考えていますが、建築費やその後の賃貸運営のことを考えると、どうしても心配です。土地所有者にとって資産運用はどのように考えれば良いのでしょうか。

① 土地の有効活用の意味

　バブル崩壊や最近ではリーマン・ショックなどのこともあり、不動産投資は危険でリスクが高いというイメージが強くなりつつあるようですが、必ずしもそうではありません。

　破綻した高リスクの不動産投資は、短期間に多額の借入金を利用したハイリスク・ハイリターンの投資であり、土地の有効活用とは全く異なります。

　土地所有者が行う有効活用は、不動産の売却益（キャピタルゲイン）を狙う投資ではなく、安定的な賃料収入などを得ることを目的に行うものです。不動産投資も株式投資と同じく、売却益を狙うのか配当を得るのかで考え方は異なります。

　土地の有効活用は、その投資内容とリスクを知ることで、比較的安全で確実な利回りを得られる投資となるでしょう。

▶土地の有効活用と、リスクを知る

新興不動産業者、ファンドなど		土地所有者が行う有効活用など
短期、多額の借入金を利用した 短期的キャピタルゲインを狙う投資		安定的な賃料収入などを 得ることを目的とする投資
ハイリスク・ハイリターン	✖	左記の投資とは全く性質が異なる

② 土地所有者であることのメリット

　賃貸建物による土地の有効活用を行ううえで考えられるリスクとしては、㋑借入金の返済、㋺賃料の値下がり、㋩空室の増加などが挙げられます。

　土地所有者の場合は、すでに所有している土地に賃貸建物を建築するため、土地代を手当てする必要がありません。そのため、通常の不動産投資に比べると、土地購入資金が必要ないという大きな優位性を持っています。その分、建物建築に係る借入金を少なくすることができれば、事業リスクは非常に低くなります。借入金の負担が少なければ、賃貸需要が悪化し空室が増えたとしても、機動的な賃料見直し・引下げをすることも可能となるからです。なお、手元に余裕資金がないのであれば、事業用資産の買換えや等価交換事業をうまく活用することで、借入金を生じさせない不動産事業を行うこともできます。また、建物を建てるリスクそのものを回避したいのであれば、定期借地権による土地活用を行うことが考えられます。

　このように、土地所有者はリスクを軽減した不動産事業を行うことができるのです。

③ 賃貸マーケットを考慮した資産運用を行う

　上述のような利点があったとしても、ただ建物を建てれば良いという時代は終わりました。これからは人口減少、建物の増加に伴うストック社会への変化に向き合う必要があります。

　そのためには、将来のことを考えたうえで賃貸経営に向いている土地か否か、他物件に対して競争力のある資産かどうかを踏まえた不動産事業を行う必要があります。

　賃貸市場（飽和状態になりつつあること等）、立地条件を考慮したうえで、入居者に受け入れられるような対応・差別化、建物価値を高め維持するための管理などを行うことが重要です。特に、建物は建築後のフォ

ロー・管理内容によって市場競争力や価値に大きな差異が生じます。

　また、不動産事業においては立地条件が大きな影響を及ぼす要因のひとつです。既存の土地に固執するのではなく、所有不動産の売却、組換えを検討することも大切です。

④ 相続対策だけを目的とせず、信頼できる会社と事業を行う

　建物は建築したらそれで終わりではありません。賃料の値下がりや空室ができるだけ生じないように適切な建物管理を行っていく必要があります。また、長期間の一括借上制度を利用したとしても、状況に応じて賃料の見直しが行われます。

　土地の有効活用・賃貸建物の建築は、決して相続税の負担軽減効果だけを目的として行うようなものではありません。資産運用のこと、建築後のメンテナンスやリフォームなどを総合的に相談できる、信頼のおける会社と一緒に事業を行うことが大事です。

▶土地の有効活用・資産運用

●土地所有者は借入リスクを減らすことも可能
・自己資金の活用
・既存所有物件の組換え
（事業用資産の買換え
　等価交換　などを活用することが可能）

●借入リスクの減少により、
　　①賃料下落リスク　　　②空室リスク
　に対する対応力増加

●入居者に受け入れられる競争力のある建物
・立地、賃貸市場を考慮した建物
・建物価値を高める適切な維持・運営管理
・相続税の負担軽減効果は副次的
・信頼できる会社と事業を行う

第 5 章

遺言による承継と信託の活用

28 遺言による承継

① 遺言でできること

遺言は、その効力を得るためには民法に定められた方式・ルールに従って作成する必要がありますが、その遺言への記載内容はどのようなことを書いても自由です。ただし、遺言として法律上の効力を持つ事項については定めがあります。そのため、定められたこと以外の記載内容は、あくまで遺言者の意思や考え方を示すものという位置づけであり、法律上の効力・拘束力がある事項にはなりません。遺言として法律上の効力、拘束力があるものを示すと次のようになります。

▶法律上の効力がある主な事項

1. 非嫡出子の認知
2. 未成年後見人の指定、未成年後見監督人の指定
3. 推定相続人の廃除、廃除の取消
4. 相続分の指定、指定の委託
5. 遺産分割方法の指定、指定の委託
6. 特別受益の持戻しの免除
7. 5年以内の遺産分割の禁止
8. 遺留分の減殺方法の指定
9. 遺贈
10. 財団法人設立のための寄附
11. 信託の設定
12. 遺言執行者の指定、指定の委託
13. 祭祀承継者の指定

遺言に全ての事項を定める必要はありませんので、一般的な遺言では、上記の4．相続分の指定、5．遺産分割方法の指定、の定めを用いて誰に何をどのように承継させるのかを決めることになります。また、8．遺留分の減殺方法の指定でその順序を定めることもできます。なお、うっかりすると忘れがちなことではありますが、祭祀承継者の指定を定めることもできます。先祖代々の供養とお墓の承継者を決めておくことはとても大切

136

なことです。承継する人について一般的な慣行があるとはいえ、遺言に定めてはっきりと意思表示することもできます。

② 遺言者の想いを記載することが大事

　法律上定められていること以外については遺言における効力がないことを述べました。しかしながら、実務的なことをいえば、効力がないこともしっかりと記載することが重要であり、逆に最も大切なことでしょう。

　遺言書に、ただ単に財産の分け方などが記載されていたとしても、それを受け取る相続人はあまり心がこもったものに思えないのではないでしょうか。遺言は遺された相続人に対してのメッセージなのですから、遺言者の考え方や望み、意思を明確にするためにそれを伝える文言を記載しておくことが良いでしょう。

　このメッセージのことを一般的には付言事項といい、配偶者への感謝の気持ち、今後も家族一同仲良くして欲しい、といったことなどが書かれることが多く、遺言書の最後の部分に記載されているものが多いかと思われます。

　ただ、できればこれらの付言事項の内容は遺言書の冒頭部分に前文などとして表すことをお勧めいたします。第１条…、第２条…、と財産分けのことを述べた後に記載するのと、遺言の最初の部分で述べるのとでは、どちらが遺言者の気持ちをより良く表すことができるのかということです。

　相続というと、どうしても財産分けのことばかりを考えがちですが、遺言者も相続人も人なのです。どのような気持ちで遺言を作成したのかを第一に伝えることが、相続を円満に行う秘訣なのではないでしょうか。

ポイント
①遺言書の冒頭で遺言者の気持ち、考え方を述べる
②冒頭部分の記載後、本文部分で具体的な遺言内容を記載する
③遺言内容は複雑にせず、分かりやすくできるだけ簡潔にする

③ 遺言があっても遺産分割協議をすることが可能

　遺言は被相続人の最後のメッセージですので、遺言がある場合にはその内容通りに相続手続きを行うことになります。

　ただし、遺言が書かれた時と相続発生時の状況が変わってしまったようなときや、相続税などの税負担などを考慮すると遺言とは異なる遺産分割を行いたいということもあります。このような場合、遺言で財産を承継する人、通常は相続人全員の同意があれば、実務的には遺言によらずに別途の遺産分割協議を行って財産承継を行うことが可能です。相続人全員が仲良く協議できることが前提となりますが、遺言の記載のうち多少不都合な箇所があるため、それを訂正した財産分けを行うというようなイメージです。

　ただし、遺言執行者が定められている場合には注意をする必要があります。遺言執行者は、あくまで遺言に記載された内容をその通りに実現することが仕事内容となりますので、たとえ相続人全員の同意があったとしても遺言と異なる遺産分割を認めないケースがあるからです。そのため、遺言執行者が定められているときには、遺言に記載された内容による承継しかできないこともあります。

④ 遺言は見直し（書き換え）ができる

　遺言は1回しか書くことができないものではなく、いつでも書き換えることが可能です。以前の遺言内容を全て破棄してあらためて書き直すこともできますし、以前の遺言を活用のうえ、その一部分のみを訂正するようなこともできます。

　このように、遺言はいつでも内容の見直しをすることができることから、財産状況や家族の状況に変動が生じた際には、それに応じて手直しを行いアップデートすることができるという柔軟性があります。

　また、遺言が何通もある場合で、それぞれの内容が異なる場合には、最後の遺言に記載されているものが有効となります。そのため、特定の相続

人が遺言者をうまく扇動して遺言を書き換えてしまうという事態や、家族の知らないうちに誰かに騙されて新たな遺言が作成されてしまうなどといったことには注意をしましょう。

29 信託を用いて遺言ではできないことを行う

① 認知症対策と財産管理

　最近は財産管理の一つの方法として、個人の方も信託を活用していこうという流れが出てきています。信託というと信託銀行が行うサービスを思い浮かべる方が多いかと思いますが、2006年12月に信託法が改正され、2007年9月30日より新法が施行されています。この信託法の改正により、自分たちで財産管理をすることを目的とするような信託、いわゆる民事信託が活用できるようになりました。信託銀行が行うようないわゆる営利目的である商事信託とは異なることから、これを民事信託といいます。また、この民事信託は、もっぱら家族間にて信託の仕組みを活用して財産を管理することから、家族信託とも呼ばれているところです。

　信託とは、簡単に説明すれば自分の財産をある者を信じて託す契約のことをいいます。

　信託には登場人物として3人が必ずでてきます。1人目は、財産を預ける人である「委託者」です。2人目は、財産を預かって管理運用する人である「受託者」です。最後に3人目は、財産から得られる利益を享受する人である「受益者」となります。財産を預けたときに委託者と受益者が異

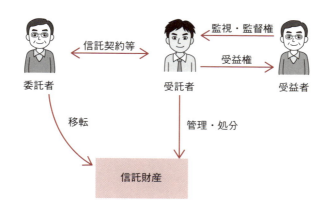

なるような場合には、受益者に贈与税が課税されてしまうことから、実務的には委託者と受益者は同一人物として信託が設定されることが多いです。

信託を設定すると、委託者から受託者に財産の形式的な名義が移転します。名義が移転することから、受託者は委託者に代わって財産の管理・運用や処分などを行うことができるようになります。名義の移転が伴うため、財産は受託者に贈与されたように思いがちですが、あくまで管理をするための形式的な移転であり、財産を預かっているにすぎません。信託では、利益を享受する受益者が実質的な所有者となります。

このように、財産の名義そのものが受託者に移転され、受託者自らが管理することができるようになることから、信託は認知症対策として活用することができます。

認知症の方への制度といえば、一般的には成年後見制度が有名ですが、裁判所への報告義務が生じることや、最近は成年後見人を弁護士や司法書士などの第三者にする必要があるケースが多くなってきています。このように、家族間だけで財産管理をすることができなくなるような状況もあり、利用を躊躇している方もいるのではないでしょうか。また、成年後見制度では特定の財産のみを管理対象とすることはできないことから、どうしても全ての財産が対象となります。

これに対して信託では、特定の財産のみを対象とすることもできますし、家族間だけで管理をすることもできます。そこで、これからの超長寿化の時代を踏まえると、認知症になってしまった方の財産管理として、信託を活用していくことが重要となるでしょう。

ただし、信託は契約行為ですので認知症になってしまってからでは契約締結ができないため、信託をはじめることはできません。あらかじめ元気なうちにゆくゆくの財産管理のことを考えて契約しておく必要があります。信託活用のポイントは、将来を見据えて早めに対応をしておくことです。

ポイント
①通常、信託は委託者と受託者との間の契約によって設定される
②受託者は、法律上は財産所有者となるため強い管理権限がある
③信託は特定の財産のみを管理対象にできる

② 財産承継と受益者連続型信託

　信託では、受益者となる人を指定することで、実質的に財産の承継先を決めることができます。つまり、最初の受益者の次は誰が受益者となるのかを定めることができますので、遺言の代わりとして機能させることもできます。

　また、遺言では財産を承継した人の次の承継先までを決めることはできませんが、信託では次の次の受益者は誰というように、受益者となる人の順番を順次決めておくこともできます。たとえば、当初は委託者本人が受益者となりますが、本人死亡後の受益者は配偶者、配偶者の死亡後の受益者は長男、その次は長男の第１子などというように指定することも可能です。このように受益者を連続して定めることができることから、このような信託を受益者連続型信託といいます。なお、受益者の指定は、信託設定時から30年経過後までできることになっています。

　なお、税務上における受益者連続型信託の取扱いは、新たな受益者は直前の受益者から権利が移転したと考え、相続を原因として受益者が変わった場合には相続税が課税されることになります。

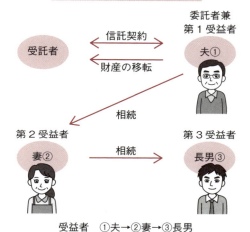

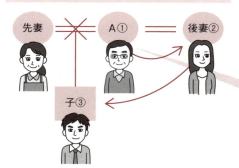

③ 障害者である相続人がいる場合の活用

　相続人に障害がある場合には、たとえ相続で財産を承継させたとしても、その後の財産管理に不安が生じることでしょう。このような場合にも信託を活用することができます。

　たとえば、死亡した後に遺される子に障害があるため、最低限の生活ができるような金融資産を相続させることを考えます。ただし、このまま引き継がせたとしても、子は金銭の管理や運用を行うことができず、また誰かにだまされてしまわないかと心配なことでしょう。このようなときには、信頼できる親族や専門家を受託者として信託設定を行い、子はその受益権を相続するようにしておくことが考えられます。これにより、受益権は子が承継するためその財産と利益を実質的に享受するものの、金銭管理は受託者である他の人が行うことから、子は管理の手間がなく財産を承継できることになります。

④ 信託設定時における受託者を考える

　信託には３人の登場人物が必要なことは先ほど述べたとおりです。この中で委託者と受益者は同一人物であっても問題ありませんが、受託者は必ず他の者にする必要があります。財産を預かって誰かのために管理するという信託の枠組みを利用するため、受益者と受託者を同一人物とすることはできないのです（厳密には、受益者と受託者が同一人物の状況が続くと１年後に信託が終了することになります。）。

　そのため、受託者を誰にするのかということが実務的には非常に悩ましいケースがあります。たとえば、前述した②のケースを実際に考えてみると良く分かります。これらの活用事例は、信託に関する実務書籍などでは良く取り上げられている事例ですが、受託者を誰にすべきかについてはあまり述べられていないように思います。しかしながら、実際に信託契約を締結する時には、次のようなことを考える必要があります。

▶受益者連続型信託における受託者

- 受益者になる予定の方は原則として受託者にはしないため、受益者連続型信託における受託者を誰にすべきか。
- 後妻と子は通常は利益相反関係にあるなかで、このような親族関係における受託者の成り手はいるのか。
- 長期にわたり安定的に財産管理を行うことができる受託者はいるのか。

　そこで、このような場合には法人の活用や、信託会社を利用することが考えられます。信託財産を管理する法人を設立することにより、長期間の財産管理などはその法人が受託者となって行うことができます。法人であれば個人のように死亡することが無いため長期間受託者になることが可能です。つまり、法人を活用することとは、登場人物を1人増やして長期の管理を行わせるということです。なお、法人の種類としては、株式会社を利用することも可能ですが、信託のための法人組織であれば最近は後述する一般社団法人や一般財団法人を利用することが良いと言われています。

　ただし、法人の活用を考えたとしても、これらの法人の役員は家族や親族が担うことになります。家族間の仲が良く、複雑な親族関係がないような間柄であれば良いですが、そのような状況にない場合には、そもそも受託者に適任の法人が見つからないケースもあるはずです。

　そのようなときには、受託者は第三者の方に依頼することを考えます。弁護士や司法書士、税理士などの専門家を受託者とすることも考えられますが、信託業法との兼ね合いを考えると、実務的には信託会社を利用することになるでしょう。信託会社は、信託を引き受ける業務を行っているという点では信託銀行と似ていますが、少し異なります。一般的に信託銀行は、今まで述べてきたような家族間の財産管理を目的とした信託は引き受けてくれませんので、受託者としては信託会社を利用することになるのです。大手不動産会社などが設立した信託会社などもありますので、自分にあった相手先かどうかを見極めて利用することになります。ちなみに、信託会社を利用する場合には財産の受託に係る手数料が毎年発生しますの

で、コストがどれくらい生じるのかも判断基準になります。

⑤ 信託契約はオーダーメイド

このように、信託は財産の承継だけではなく管理の仕方も決めることができることから、遺言ではできないことを定めることができます。

裏を返せば、信託はその内容によってさまざまな権限を持たせることができる契約ということです。つまり、どのような信託契約とするか、何を信託の対象にするか、誰に信託の受益者としての地位を引き継がせるのかなどは人それぞれであることから、信託はその内容の作りこみがとても重要です。

信託契約のひな形などから安易に設定を進めるのではなく、専門家とも相談のうえ、法務・税務を踏まえたオーダーメイドの契約を行うことが大切です。

第 **6** 章

法人を活用した
土地活用

30 賃貸建物を法人で建築した場合

① 建築主別の相続税対策効果の違い

　賃貸建物の建築を誰が行うのかにより、相続税対策の効果に大きな違いが出てきます。

　土地所有者自らが建築主となる場合には、今まで述べてきたように建物建築による相続財産の圧縮効果が得られます。建築した賃貸建物は、相続税の計算上、固定資産税評価額により評価されるためです。

　例えば、建物の建築費を1億円とした場合で、賃貸建物の相続税評価額は5,000万円であると仮定します（図表参照）。この場合であれば、1億円の現預金等の手持資金がなくなり、代わりに賃貸建物5,000万円が残るため、差し引き5,000万円分の相続財産が減少したことになります。そして、その分相続税額が減少することになるのです。なお、投資する建築費は手持資金でも借入金でもその効果は一緒であることは前述したとおりです。

```
┌─────────────────────────┐
│  相続税の計算上の評価額          │ ┐
│  （固定資産税評価額）           │ │
│     5,000万円              │ │  投資金額　1億円
├─────────────────────────┤ │ （自己資金、借入金問わず）
│  建築費と評価額の差額           │ │
│  （相続財産の圧縮額）           │ ┘
└─────────────────────────┘
```

　上記とは異なり、土地所有者以外の者が建物を建築した場合には、土地所有者は建物建築による相続税評価額の圧縮効果を得ることはできません。しかし、その代わりに建物を建築した別の者が賃料収入を得ることができるため、別の者が賃料収入から得られる財産を蓄えることができます。

148

② 土地の賃貸方法

　土地所有者以外の者が建物所有者になる場合には、土地所有者と建物所有者が異なりますので、土地の貸し借りを行う必要があります。

　土地の貸借方法は、地代の受け渡しを行うか否かで大きく２つに分けられます。つまり、無償による貸借である使用貸借と、有償による貸借である賃貸借です。

　使用貸借とは、地代の受け渡しを行わないか、または固定資産税などの租税負担額と同等程度である低額な地代の受け渡しに留まる貸借関係のことをいいます。

　賃貸借とは、ある程度以上の地代の受け渡しを行う貸借関係のことをいいます。なお、実務上、土地の賃貸借とする場合には、土地の固定資産税および都市計画税の年額の２倍〜３倍程度の金額以上の地代を設定することが一般的です。

　使用貸借は、同族関係である法人や親族が建物を建てる場合など、身内間で土地の貸借を行う場合には地代を認識する必要がないため都合が良い方法です。しかし、相続税対策を考えるうえでは問題があります。それは、使用貸借されている土地は更地と同じ評価額である自用地評価となってしまい、土地評価額を下げることができないからです。これでは、相続税対策として建物を建築した意味がなくなってしまいます。

　そこで、賃貸借により土地の貸借を行うことを考えます。

　しかし、建物所有を目的として土地を賃貸借した場合には、借主である建物所有者には借地権という強固な権利が生じるため、権利金の問題が生じます。一般的には相応の権利金の支払いを行う必要があるにも関わらず、もし、それを行わなかった場合には、土地所有者から借主に借地権の贈与があったものとされます。そして、借地人が個人であれば贈与税が、法人であれば法人税がそれぞれ課税されるのです。

▶土地の貸借方法

●使用貸借　・権利金の問題が生じない
　　　　　　・土地の評価額を下げることができないというデメリットがある

●賃貸借　　・権利金の問題が生じる
　　　　　　・借主が法人であれば土地の無償返還制度が利用できる
　　　　　　・この場合には、権利金の問題を避け、かつ、土地の評価額を20％引きにできる

③ 土地の無償返還制度を活用する

そこで、土地の借主が法人である場合には、「土地の無償返還に関する届出書」を地主と借主との連名で税務署に提出する方法を活用します。

具体的には、まず土地の賃貸借契約書において、将来賃貸借契約が終了する時は借主より地主へ借地権を無償で返還する旨を記載したうえで、その旨の届出書を税務署へ提出するのです。これにより、土地の借主である法人は権利金を一切支払う必要がなくなり、法人税が課税されることがなくなるのです。

また、この制度を利用すると、賃貸している土地の評価額は、貸宅地に準ずるものとして更地の80％での評価になり、評価額が減少します。

▶法人への無償返還制度による土地の貸付け

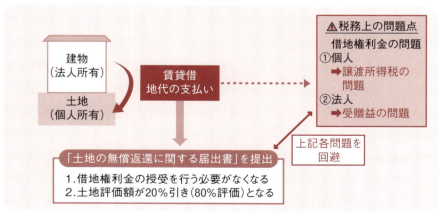

つまり、法人が建物を建てる場合には、土地は賃貸借とし「土地の無償返還に関する届出書」を提出することがポイントです。

④ 相当の地代方式を利用した場合

　土地の賃貸借の仕方として無償返還制度を利用することを述べましたが、それ以外の方法として、「相当の地代方式」というものがあります。

　この相当の地代方式というのは、地代を土地評価額のおおむね年6％という高額な地代に設定する方式のことをいい、これにより無償返還制度と同様に権利金の問題を生じさせないことができます。

　ただし、この方式は地代が年6％と高額であることから最近はあまり利用されなくなってきています。そもそも地価の6％を賃借人が支払う必要がありますので、建物所有者にとっては相当の負担になってしまうからです。昭和の終わり頃から平成初頭にかけての土地が高騰したバブル期において多用された方式のため、古くから土地を同族法人に貸し付けている方の中には、この相当の地代方式を使っている場合があります。

▶相当の地代方式による土地の貸付け

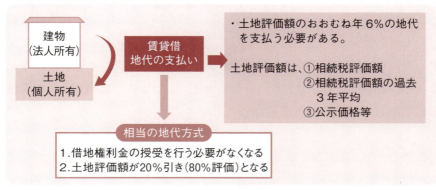

31 法人を活用すると所得税対策に大きなメリットがある

① 法人を活用するメリット

　賃貸建物を建築して運用すれば家賃収入が入ってきます。個人で建築した場合には、建築をした個人に家賃収入が入りますので、この家賃収入が長い目でみると相続税対策とは逆行することになります。

　賃貸建物を個人で建築することにより、建築当初は確かに大きな相続税の負担軽減効果を得ることができます。ただし、建築後の年数が経過すればするほど、家賃収入が蓄積されていき、借入金の返済も進むことから、相続財産は徐々に増加していくことになります。

　財産の蓄積が5年、10年と積み重なるということは、賃貸事業が順調であることの証明でもありますので、大変喜ばしいことであります。その一方で、蓄積された財産は建物所有者の財産ですので、必然的に将来は相続税の対象となってしまいます。

　つまり、相続税対策のために賃貸建物を建てたのにも関わらず、長い年月でみると相続税対策にならなかった、ということになります。

　また、賃貸建物を個人で建築すると、当然に賃貸事業に係る収入は建築した人が享受することになりますので、一般に所得税の負担が重くなります。所得税は、利益（所得）が多額になるほど税率が高くなる仕組みとなっているからです。つまり、賃貸建物を個人で建築する限り、所得が個人に集中してしまうことを避けることができず、税負担が重くなるのです。

　そこで、法人を活用する方法を考えます。

▶建物の所有者ごとの態様・特徴

効果別	態様別	パターン1	パターン2 個人Bが建築	パターン2 個人Aから贈与	パターン3
相続税対策	土地評価減	○（貸家建付地）	×（自用地）	○（貸家建付地）	○（貸宅地）
相続税対策	建物評価減	○（貸家）	—（個人B）	—（個人B）	△（間接的（株式））
所得税対策	所得の帰属	個人A	個人B	個人B	法人C
所得税対策	所得税対策	×	○	○	○（経費範囲大）
土地所有者への税効果	短期的	○	×	○	×
土地所有者への税効果	長期的	×	△	△	○

② 法人の具体的な利用方法

▶法人活用によってできること

1. 役員報酬の支払いによる所得の分散（賃貸収入の分配）
2. 退職金の支給、保険の活用
3. 経費が認められる範囲の拡大
4. 相続財産の買取り（相続財産の資金化）　　など

　法人で賃貸建物を建築した場合は、毎年の賃貸利益は法人の財産として蓄積されることになり、個人の財産としては蓄積されません。
　ただし、法人の株式を所有してしまうと、法人に蓄積された財産が株式

の価値上昇という形で株主に帰属するため、相続財産が間接的に増加してしまいます。

　この問題を回避することは簡単です。土地所有者であるオーナーなどは株式を所有しなければ良いのです。具体的には、後継者が定まっているなら、後継者を株主として法人を設立します。後継者に資本金が払い込めるかどうか心配になるかもしれませんが、現在は資本金が１円でも会社を作ることが可能です。資本金100万円程度であれば後継者へその資金を贈与してあげても良いでしょう。

　法人は、原則として利益の大小に関わらず税率は一定です。したがって、賃貸利益がいくら増加しても、税負担が個人所有の場合のように加速度的に増加するようなことはありません。ただし、賃貸利益が法人の財産として蓄積されるということは、個人の手元にはお金が残らないということです。そこで、オーナーも生活費程度の役員報酬を取り、後継者も役員に就任させ、役員報酬を取るようにして、個人にお金が還流する仕組みを作ることが必要となります。

　また、法人に蓄積された利益は、相続税の納税資金として活用を図ることができます。

　主な方法としては、死亡退職金の支給、相続後の個人資産（土地など）

▶法人への相続財産売却による納税資金の調達

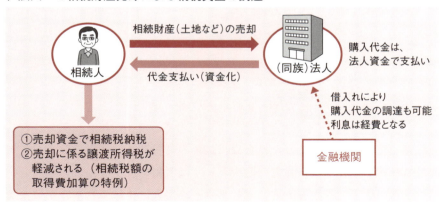

の買取りなどが挙げられます。

オーナーに万一があった際には、法人から相続人である遺族に対して死亡退職金を支給するようにすれば、この支給された死亡退職金は、相続税の計算上は「退職手当金等」とされ、法定相続人の数×500万円までが非課税とされます。

相続発生後に法人へ土地、建物、株式などの相続財産を譲渡すれば、法人から金銭を調達することができます。しかも、譲渡した相続財産に係る相続税額は、譲渡所得の計算上、取得費として控除することができるため、税額計算上も有利となります。

③ 個人 or 法人のいずれで建築すべきかの判断目安

建築当初の相続税の負担軽減効果を考慮すれば、短期的には個人で建築することが良く、長期的な視野で考えるのであれば法人を活用した方が良いことになります。それでは、具体的なイメージはどのように持っておくと良いのでしょうか。あくまで簡易的な説明ですが、おおよそ次のようなイメージを持っておくと判断の目安になると思います。

前述の**6**①（P.31）の数値を用いて説明します。1億円で賃貸建物を建築した場合、その建物の貸家評価額がおよそ4,200万円になり、敷地の評価額も貸家建付地として減少することから、相続税評価額が7,600万円減少します。つまり、個人で賃貸建物を建築することによる相続税における財産の減少額は7,600万円です。

これに対し、この賃貸建物の年間収入は建築費の10％である年間1,000万円だったとします（表面利回り10％）。ただし、実際に手元に残る金銭は、経費や税金を支払った後の金額になりますので、例えば、収入の60％の約600万円が手元資金になるとします。そうすると、1年経過するごとに600万円の財産が増加することになりますので、相続税評価額の減少効果7,600万円は約12.6年（7,600万÷600万）でなくなることになります。その後は、個人で建物を建築したことによる相続税への対策効果は得られな

いということです。

　実際にはこれ以外にも様々な要因が影響しますので一概には断定できませんが、経験則上でいえば、個人が賃貸建物を建築することによる相続税軽減効果は、一般的には10年～15年となります。

　これらを踏まえ、相続がいつ発生するのかを想定しつつ、建築主の年齢や家族構成なども勘案のうえ、個人または法人のいずれで建築すべきか総合的に判断することになります。

▶1億円を用いて賃貸建物を建築した場合

32 一般社団法人・一般財団法人を利用する場合の注意点

① 一般社団法人・一般財団法人の概要

　従前において社団法人や財団法人というと公益法人を指すものであり、主務官庁の許可に基づいてのみ設立ができる特別な法人形態でした。これが、法律改正により2008年12月からは登記のみで誰もが社団法人や財団法人の設立ができるようになり、公益性については公益認定を受けているかどうかで区別することになりました。つまり、公益認定を受けた公益性のある団体を公益社団法人・公益財団法人といい、公益認定を受けていないものを一般社団法人・一般財団法人（以下、「一般社団法人等」という）といいます。

　税務上においては、一般社団法人等を非営利型とそれ以外の普通法人の2種類に分類していますが、通常は一般社団法人等といえば非営利型以外の普通法人のことを指します。

法人区分		法人税法上の取扱い
公益社団法人・公益財団法人		公益法人等
一般社団法人	非営利型法人	公益法人等
一般財団法人	非営利型法人以外の法人	普通法人

　一般社団法人等は公益認定を受けていない法人ですので、イメージとしては株式会社などの会社制度と非常に類似した法人組織と考えていただくのが良いと思います。それでは、株式会社との大きな違いはどこにあるかといえば、出資者である株主がいない法人組織であるということです。株主がいませんので、株式会社のようにいざという時には株主が株主総会を通じてその法人を実質支配することができません。一般社団法人では、法人の運営は社員といわれる構成員が合議で決めることになっています。したがって、社員同士が仲たがいをせず、法人の運営方針については仲良く話し合えるような状況が望まれる組織体ともいえるでしょう。

157

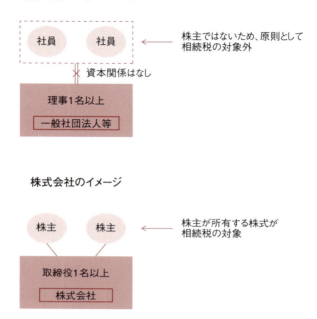

② 一般社団法人・一般財団法人を利用するメリット

　厳密には細かな違いがたくさんあるのですが、一般社団法人等は株式会社とほとんど同じようなものと捉えていただいても良いかと思います。大きな違いは、出資者である株主がいないことと、配当ができないという特徴があることです。

　そのため、株主が存在しない一般社団法人等が保有している財産は、相続税の課税対象にすることができません。法人そのものは当然に相続税の対象外ですし、株主がいないのですから、株主が所有する株式（出資）に課税するということもできません。つまり、法人に蓄積された財産があったとしても、株式会社とは異なり、株式の価値上昇という形で株主に間接的に帰属することがないのです。このように、一般社団法人等を利用することにより、法人組織に対する相続税を考える必要がなくなるというメ

リットがあります。

　ただし、2018年度の税制改正により、一般社団法人等であったとしても相続税の課税対象となる例外的なケースが生じました。これについては、次の③で詳細を述べます。

③ 2018年度の税制改正への対応

　理事や社員が全て親族で占められているような、いわゆる家族経営的な同族法人であったとしても、それが一般社団法人等であれば、間接的にでも法人が保有する財産に相続税を課税することができません。そこで、2018年4月1日からは、一族で実質的な支配を継続しているような一定の一般社団法人等については、例外的に相続税が課税されることになりました。

　具体的には、次の要件に該当するときは、一般社団法人等を個人とみなしてその一般社団法人等に相続税が課税されます。

▶**相続税が課税される場合**

　一般社団法人等の理事が死亡した場合で、次のいずれかの法人に該当する場合（理事には理事でなくなった日から5年を経過していない者を含む）
・相続開始の直前における同族理事の総理事数に占める割合が2分の1超
・相続開始前5年以内において、同族理事数の総理事数に占める割合が2分の1を超える期間の合計が3年以上

　したがって、一般社団法人等を利用するのであれば、相続税が課税されないような機関設計をしておくことが必要でしょう。例えば、推定被相続人となるオーナーは、株式会社であれば株主にならないようにするのと同様に、一般社団法人等では理事にならないようにしておくことです。

33 法人で建築した場合の まとめ

① メリット・デメリット

　法人で賃貸建物を建築した場合のメリットおよびデメリットについて、個人で建築した場合と比較し、その内容を図表にまとめました。

項目		個人		法人
相続税対策1 （賃貸建物投資）	○	建物の評価額（固定資産税評価額の70％）と投資金額の差額の分、相続財産が減少する。	△	建物の評価額（固定資産税評価額の70％）と投資金額の差額の分、株価が減少する。 株主を後継者として設立した場合や、一般社団法人等には影響なし。
相続税対策2 （不動産所得）	×	賃料収入による所得が相続財産として蓄積される。	△	賃料収入による所得は法人の財産として蓄積される。 株主を後継者として設立した場合や、一般社団法人等は、財産が蓄積されても当面は問題ない。
相続税対策3 （所得の分散）	×	賃料収入による所得の分散は難しい。	○	子などが役員に就任し、報酬を支払うことで、賃料収入による所得を分散することができる。
所得税対策	×	累進課税のため、一定以上の所得がある場合には法人と比較して税率が高くなり不利となる。	○	税率がフラットなため、所得が増加しても税率が高くならない。
維持コスト1	○	集計表などによる簡易な記帳でも青色申告が可能。 税理士報酬も比較的安め。	△	複式簿記による記帳が必要。 また法人税の申告は税理士の支援がないと難しく、また報酬も個人と比較すると高くなることが一般的。
維持コスト2	○	住民税均等割が年間5,000円程と低額。 また、家族経営の場合には事業者として社会保険に加入する必要なし。	×	住民税均等割が年間7万円～、と個人より高額。 また、給与の支払いを行うと事業規模に関わらず社会保険に加入しなければならない。

メリット・デメリットのポイントは以下のとおりです。

1つめは、相続財産の圧縮効果が挙げられます。

●土地所有者が建築する場合は、相続税の負担軽減効果をすぐに得られます。

●法人で建築する場合には、短期的には相続税の負担軽減効果を得ることができません。

2つめは、賃貸収入の蓄積です。

●土地所有者が建築する場合は、毎年生み出される利益は個人の財産として蓄積されていきます。そのため、時間が経過すればするほど相続財産が増加していきます。

●法人で建築する場合には、賃貸収入は法人の財産として蓄積されますが、法人の株主をご子息等の後継者にする場合や一般社団法人等は、オーナーは株価上昇の影響を受けることはないため、長期的には優位性があります。

3つめは、所得の分散効果です。

●土地所有者が建築する場合は、専従者給与を支給する方法によりある程度の利益を分散することができる場合がありますが、大半の利益は個人1人に集中し、所得税の負担が重くなります。

●法人で建築する場合は、ご子息や他の親族が役員に就任し、賃貸事業に関わることで、役員報酬を支給できるため、機動的に所得の分散を行うことが可能です。また、所得が大きい場合の税率は法人税の税率の方が所得税の税率に比べて低く設定されています。

　個人と法人のどちらで賃貸建物を建築するべきかの判断基準は、土地所有者に相続が生じるまでの時間の長短が大きな判断基準です。

　ある程度高齢に達している土地所有者であれば、平均余命を考慮すると残された時間はそれほど長くはありません。そうすると、相続財産の圧縮を第一の目的と考え、個人で賃貸建物を建築した方が良いといえるでしょう。

逆に、土地所有者はまだまだ若く、腰を据えて不動産賃貸事業に取り組める場合には、不動産収入に対する税負担軽減を第一の目的と考え、法人を活用した方が良いといえるでしょう。

② どちらを選択すべきか

　長期的な視点で考えるのであれば、法人を活用することが有効です。

　ただし、法人には個人と比較して様々な事務的負担や金銭的負担が生じます。

　個人の場合には、集計表作成などの簡易な記帳により確定申告を行うことができますが、法人ではそうはいきません。複式簿記という正式な手続きにより記帳を行わなければならず、また、法人税の申告書を提出しなければなりません。所得税と異なり作成の難易度が高く、税理士の関与なしには申告書の提出が困難です。税理士の報酬も、一般的には個人に比べて法人の方が高くなることでしょう。

　また、法人は社会保険に加入しなければならず、社会保険料の法人負担も生じます。

　個人と法人のいずれで賃貸事業を行うかは、短期的視点か長期的視点なのか、賃貸収入の規模はどれくらいなのか、法人設立による税効果はどれほどかなど、多角的な面から慎重に判断して行います。せっかく不動産事業を行うのですから、制度をうまく利用して税負担の軽減を図りたいものです。

第 **7** 章

不動産の賃貸・運営・売買に生じる税金一覧

■不動産に係る税金の概要一覧

　土地の有効活用や売却などには、どうしても不動産に係る様々な税金が生じます。

　そこで、不動産に関係する税金の概要を図表にまとめましたので、参考にしてください（2018年12月末日現在）。

内　容	対象税目	税　率
不動産賃貸業の運営利益に係る税金 （表1参照）	所得税	5％〜45％
	住民税	10％
	事業税	5％（一定規模以上）
（店舗や駐車場などの売上が 一定規模以上ある場合）	消費税	2019年9月まで8％ 2019年10月から10％
不動産の保有に係る税金 （表2参照）	固定資産税	1.4％（標準税率）
	都市計画税	0.3％（制限税率）
不動産の売却に係る税金 （表3参照）	所得税 （譲渡所得税）	15％または30％
	住民税 （譲渡所得税）	5％または9％
不動産の取得・承継に係る税金 （表4〜7参照）	登録免許税	取得時　土地1.5％、建物2％
	不動産取得税	土地および住宅は3％
	印紙税	契約金額に応じて課税
	相続税	10％〜55％
	贈与税	10％〜55％

▶表1　譲渡所得以外の税率

課税される所得金額※1		税額計算式		
		所得税※2	住民税	事業税※3
	195万円以下	5％	一律10％	（所得金額－290万円）×5％
195万円超	330万円以下	10％－　　97,500円		
330万円超	695万円以下	20％－　427,500円		
695万円超	900万円以下	23％－　636,000円		
900万円超	1,800万円以下	33％－1,536,000円		
1,800万円超	4,000万円以下	40％－2,796,000円		
4,000万円超		45％－4,796,000円		

※1：課税される所得金額とは、所得金額から所得控除（医療費控除、扶養控除など）を引いた金額です。
※2：2037年分まで、上記により求めた所得税に対して2.1％の復興特別所得税が加算されます。
※3：一定規模以上の不動産貸付業等の場合に課税されます。

▶表2　固定資産税、都市計画税の税率

固定資産税	課税標準額×1.4％（標準税率※1）
都市計画税	課税標準額×0.3％（制限税率※2）

課税標準額とは固定資産税評価額のことを指します。ただし、土地については住宅用地の特例などの調整を行った後の金額となります。

※1：標準税率…地方税法に定められている税率。市町村は標準税率を基準として実際の税率を定めます。
※2：制限税率…市町村が条例で定めることができる最高税率。

▶表3　譲渡所得の税率

所有期間※1		所得税※2	住民税
所有期間5年以下		30％	9％
所有期間5年超		15％	5％
所有期間10年超の居住用財産（軽減税率の特例）	譲渡所得6,000万円以下の部分	10％	4％
	譲渡所得6,000万円超の部分	15％	5％

※1：所有期間は譲渡した年の1月1日現在で判定します。
※2：2037年分まで、上記により求めた所得税に対して2.1％の復興特別所得税が加算されます。

165

▶表4　登録免許税、不動産取得税の税率

内　容	登録免許税	不動産取得税
売　買（土　　　　地）	1.5%※1	3％（実質1.5%）※2
売　買（住　宅　建　物）	2％※4	3％※3
売　買（住宅以外建物）		4％
相　　　続	0.4%	課税されない
贈　　　与	2％	売買と同じ取扱い
建物の保存登記	0.4%※4	—

登録免許税、不動産取得税は原則として固定資産税評価額に税率を乗じて計算します。
※1：2019年3月末までの適用税率（2021年3月末まで延長予定）
※2：宅地は2021年3月末まで、固定資産税評価額の1／2×3％という取扱いがあります
　　　（実質1.5%）。
※3：2021年3月末までの適用税率
※4：住宅用家屋、認定長期優良住宅などについては、税率が軽減されます。

▶表5　印紙税の税額（2020年3月31日までの税額表）

契約金額		不動産譲渡契約書	請負契約書	土地賃貸借契約書※	建物賃貸借契約書
1万円未満		非課税			
1万円以上	10万円以下	200円		200円	
10万円超	50万円以下	200円	200円	400円	
50万円超	100万円以下	500円		1,000円	
100万円超	200万円以下	1,000円		2,000円	
200万円超	300万円以下		500円		
300万円超	500万円以下		1,000円		
500万円超	1,000万円以下	5,000円		1万円	課税されない
1,000万円超	5,000万円以下	1万円		2万円	
5,000万円超	1億円以下	3万円		6万円	
1億円超	5億円以下	6万円		10万円	
5億円超	10億円以下	16万円		20万円	
10億円超	50億円以下	32万円		40万円	
50億円超		48万円		60万円	
契約金額の記載のないもの		200円			

※土地賃貸借契約書の契約金額とは権利金などのことを指しており、地代額ではありません。

▶表6　相続税の速算表

2015年1月1日以後の場合		
法定相続分に応ずる取得金額	税率	控除額
1,000万円以下	10%	―
3,000万円以下	15%	50万円
5,000万円以下	20%	200万円
1億円以下	30%	700万円
2億円以下	40%	1,700万円
3億円以下	45%	2,700万円
6億円以下	50%	4,200万円
6億円超	55%	7,200万円

▶表7　贈与税の速算表

基礎控除後の課税価格	2015年1月1日以後の場合			
	一般の贈与		直系尊属からの贈与	
	税率	控除額	税率	控除額
200万円以下	10%	―	10%	―
300万円以下	15%	10万円	15%	10万円
400万円以下	20%	25万円		
600万円以下	30%	65万円	20%	30万円
1,000万円以下	40%	125万円	30%	90万円
1,500万円以下	45%	175万円	40%	190万円
3,000万円以下	50%	250万円	45%	265万円
4,500万円以下	（3,000万円超）55%	400万円	50%	415万円
4,500万円超			55%	640万円

著者紹介（プロフィール）

高木　康裕（たかぎ　やすひろ）

1978年　神奈川県生まれ
2000年　第50回税理士試験合格
2001年　慶應義塾大学経済学部卒業
2001年　東京都内の会計事務所に勤務。中小零細企業から上場準備会社、
　　　　上場会社などに対する税務申告業務及び税務コンサルティング業
　　　　務に従事
2004年　税理士登録
2005年　税理士法人　エーティーオー財産相談室に入社
　　　　相続・贈与・譲渡に関する税金、いわゆる資産税を中心とする税
　　　　務申告、不動産税務コンサルティング業務などを提供
2016年　同法人役員に就任
　　　　現在に至る

主な著書

「相続財産の「とりあえず共有」５つの解消法」（共著、税務経理協会）

事務所紹介

税理士法人　エーティーオー財産相談室

【本店】

〒150-0002　東京都渋谷区渋谷 2 -15- 1 　渋谷クロスタワー17階

TEL ：03-5468-6700

FAX ：03-5468-6707

URL ：http://www.ato-zaiso.net

E-mail：info@ato-zaiso.net

【品川支店】

〒140-0011　東京都品川区東大井 5 - 7 -10　クレスト I ビル 5 階

TEL：03-3474-9492

FAX：03-3474-9495

本書の内容に関するご質問は、ファクシミリ等、文書で編集部宛にお願いいたします。(fax　03-6777-3483)

　なお、個別のご相談は受け付けておりません。

土地の有効活用と相続・承継対策

2019年2月20日　初版第一刷印刷　　　　　　　　　　（著者承認検印省略）
2019年2月25日　初版第一刷発行

© 著　　者　高　木　康　裕

発 行 所　税 務 研 究 会 出 版 局

週刊「税務通信」「経営財務」発行所

代 表 者　山　　根　　　毅

〒100-0005
東京都千代田区丸の内 1-8-2
鉄鋼ビルディング

振替　00160-3-76223

電話〔書 籍 編 集〕03(6777)3463
　　〔書 店 専 用〕03(6777)3466
　　〔書 籍 注 文〕03(6777)3450
　　〈お客さまサービスセンター〉

各事業所　電話番号一覧

北海道 011(221)8348	神奈川 045(263)2822	中　国 082(243)3720
東　北 022(222)3858	中　部 052(261)0381	九　州 092(721)0644
関　信 048(647)5544	関　西 06(6943)2251	

〈税研ホームページ〉https://www.zeiken.co.jp

乱丁・落丁の場合は，お取替え致します。　　　　装丁・イラスト　新岡麻美子
　　　　　　　　　　　　　　　　　　　　　　　印刷・製本　藤原印刷㈱

ISBN978-4-7931-2395-5

資産税関係

《2018年10月1日現在》

〔五訂版〕完全ガイド 事業承継・相続対策の法律と税務

PwC税理士法人 編／A5判／736頁　　定価 5,940円

民法等を含めた相続税・贈与税の概要から、相続・事業承継対策に欠かせない事項について、実務に即して具体的に解説。五訂版では、平成30年度税制改正で創設された納税猶予制度の特例を織り込み、大きく変わった事業承継税制に対応し全面的に見直しています。

2018年8月刊

非上場株式の評価と活用の留意点Q&A

与良 秀雄 著／A5判／356頁　　定価 3,024円

非上場株式に関して、株価対策の基本となる評価方法と、移転に関する課税関係、特にオーナーと法人との間の取引に重点をおきQ&Aで解説。平成30年度税制改正事項の「事業承継税制の拡充」「一般社団法人等を活用した相続税対策の見直し」を収録。

2018年6月刊

実例で見る「相続」の勘どころ

吉野 広之進 著／A5判／260頁　　定価 2,376円

遺産分割、遺言関係、養子縁組、生前贈与など相続に関連する様々な実例(全30例)を会話形式で取り上げ、税理士の立場から相続をスムーズに行うためのポイントを解説しています。

2017年12月刊

新広大地評価の実務

辻・本郷税理士法人 編／A5判／176頁　　定価 1,944円

従来の『広大地の評価』が廃止され、新設された『地積規模の大きな宅地等の評価』に基づき、広大な土地に評価減が適用できるかどうか、またできるとしたらどれくらい減額できるのか、分かりやすく解説しています。また、土地の形状による新旧評価の評価額のシミュレーション、今後の対応策についても解説。

2017年10月刊

税務研究会出版局　https://www.zeiken.co.jp

定価は8%の消費税込みの表示となっております。